EL BARCO DE VAPOR

El balonazo

Belén Gopegui

sm

www.
literaturasm
.com

Primera edición: julio de 2008
Décima edición: octubre de 2013

Dirección editorial: Elsa Aguiar
Coordinación editorial: Berta Márquez
Ilustraciones: Enrique Flores

Impresores, 2
Urbanización Prado del Espino
28660 Boadilla del Monte (Madrid)
www.grupo-sm.com

ATENCIÓN AL CLIENTE
Tel.: 902 121 323
Fax: 902 241 222
e-mail: clientes@grupo-sm.com

ISBN: 978-84-675-3003-2
Depósito legal: M-42686-2010
Impreso en la UE / *Printed in EU*

A Daniel y Mariú
siempre

1 *Cinco cosas*

No se ven las estrellas. Cuando a Daniel le dieron un balonazo en pleno ojo, vio un triángulo verde del tamaño de una pelota de tenis, a pesar de que el balón que había chocado contra su ojo era de cuero blanco con hexágonos negros. ¡Y lo había lanzado su madre! Estaban jugando los dos en el pasillo, Daniel iba ganando siete a tres, su madre tiró, y ¡zas!, directo al ojo. Hubo que suspender el partido.

Daniel tenía diez años y el pelo de punta, como un cepillo. Aunque su madre le dijo que se diera agua fría en el ojo, él había preferido irse directamente a la cama. Es que era la quinta cosa que le salía mal en ese día y necesitaba pensar. Las otras cuatro no habían sido todas igual de importantes.

Por ejemplo, que el compás no estuviera en su mochila y no hubiera podido hacer el ejercicio en clase de mates le había preocupado, pero luego se le pasó.

La segunda cosa sí que le seguía dando rabia: en el partido del recreo, la pelota había rebotado en sus piernas y había ido directamente a la portería propia. Iban tres a tres; por su culpa pasaron a ir tres a cuatro y perdieron el partido. Hugo lo miró y no dijo nada; Alberto, el portero, tenía la cara triste.

Por la tarde, Alberto fue a casa de Hugo. Daniel le había preguntado a su madre si le dejaba ir con ellos, pero no pudo ser: su padre estaba dando un curso y no podía ir a buscarle; su madre tampoco podía. Esa había sido la tercera cosa.

La cuarta fue, más que nada, rara. Su madre le había pedido que bajara a la tienda de la esquina para comprar salsa de tomate. Le dio un billete de cinco euros. Daniel compró el tomate y al volver se quedó mirando las pelis y los discos del pirata que siempre se ponía en la esquina de la calle. El pirata le habló:

–¡Oye, chico!

Era un joven negro que pronunciaba bastante bien el español.

–¿Me compras agua?

Daniel se miró la mano; le habían sobrado tres euros y algo.

–Bueno –dijo.

Volvió a la tienda de la esquina y compró una botella de agua. Se la llevó al pirata.

–Me ha costado un euro –le dijo.

El pirata cogió el agua, sonrió y dijo:

–Mañana, te doy el euro mañana.

Daniel le dijo que el dinero era de su madre. Pero el pirata volvió a decir:

–Mañana.

Así que, al subir a casa, Daniel fue a su cuarto y buscó la hucha, porque pensaba que si le explicaba lo que había pasado, su madre podía enfadarse. Justo cuando había abierto la hucha, entró su hermana en el cuarto y le vio coger un euro.

–¡Daniel ha abierto la hucha!

Mariú tenía seis años recién cumplidos. Se llamaba igual que una amiga de sus padres, era un nombre italiano. Daniel le pidió que le guardase el secreto y le prometió contarle más tarde lo que había pasado.

–Luego, no; ahora –dijo Mariú.

Daniel perdió la paciencia:

–¡Déjame, ahora no puedo! –dijo levantando la voz.

Mariú lo miró con ojos llorosos. Daniel tuvo que darle uno de sus caballeros para consolarla y un muñeco viejo de un indio que le gustaba mucho. Luego, su madre ni siquiera miró el dinero de las vueltas y la cosa se olvidó.

El balonazo en el fondo no había sido tan importante. Pero Daniel no tenía un buen día. Además, le daba rabia que no se vieran estrellas. «Los libros otra vez», pensó. Empezaba a estar muy harto de los libros. Nada de lo que contaban era verdad. En los libros siempre había un chico que no se atrevía a subir montañas y al final acababa siendo alpinista, o un joven bastante pobre que se encontraba a una mendiga en el bosque; el joven le daba un poco de su comida a la mendiga, y la mendiga terminaba regalándole mil monedas de oro, o resultaba ser una princesa encantada impresionante. El ojo ya le dolía menos. Mientras estaba pensando esto, entró su padre.

–¿Qué te ha pasado?

–Nada, un balonazo en pleno ojo.

–¿Cómo ha sido?

–Mamá.

–¡Mamá! –su padre se echó a reír–. Pero si mamá tira fatal. ¡Mira que es mala pata!

Entonces él también se rió por lo de la pata. Exactamente eso había sido: mala pata. Para un chut bueno que hacía, fuerte, potente, iba a parar a su ojo. Enseguida entró su madre.

–¿Te sigue doliendo?

–No, ya casi no. ¡Para una vez que haces un buen tiro! –dijo Daniel.

Su padre salió, su madre le acarició la frente.

–¿Apago la luz, o vas a leer un rato?

–No voy a leer –dijo Daniel. De pronto, le salió la furia de todo ese día y añadió–: ¡No pienso leer nunca más! ¡Odio los libros!

Su madre, que ya salía, se acercó y se sentó en su cama.

–¿Por qué? –preguntó.

–¡Porque sí! Me gustan los deportes y odio los libros, y punto.

–Pero eso no es una razón.

–Porque están llenos de mentiras, por eso. Estoy harto de «los Cinco», «los Siete», los veinticuatro: sus padres les dejan ir solos a muchísimos sitios, y en esos sitios siempre encuentran misterios y siempre los resuelven. Ni siquiera me importa que los resuelvan, lo que no me creo es que haya tantos misterios. Y los pasadizos. Siempre acaban descubriendo pasadizos secretos, pero yo no he visto un pasadizo en mi vida. Y me da rabia que siempre vivan en pueblos pequeños donde es facilísimo hacer reuniones de todos los amigos y hasta salir de noche a investigar y cosas así.

–Bueno –dijo su madre–. Esos libros están escritos en otro país, tratan de niños que no viven en ciudades grandes, y es verdad que no hay tantos misterios.

–Odio todos los libros –dijo Daniel–. No solo esos. ¿Por qué en los libros los cobardes al final se vuelven valientes? ¿Es que no hay ningún cobarde que siga siendo siempre cobarde? Se vuelven valientes y hasta se ofrecen como cebo para salvar a los demás. Y lo de las viejecitas que te regalan monedas de oro, ¿qué? Y ganar, mamá. En los libros, el bueno siempre acaba ganando. Eso es otra mentira.

Se oyó a lo lejos la voz de Mariú:

–¡Maaamáááááááááá!

–Voy a darle el beso a tu hermana.

–Te va a contar lo de la hucha.

–¿Qué? –dijo su madre ya en la puerta, pero sin esperar respuesta en realidad.

–Nada –dijo Daniel.

Cinco minutos después, volvió su madre y le preguntó qué era toda esa historia del agua y el pirata.

–¿Lo ves, mamá? Si hubiera sido un libro y yo le hubiera dado una de mis monedas a un mendigo de ojos violeta, no pasaría nada. Pero en la realidad, le compro una botella de agua a un pirata y no te parece bien.

–No he dicho que no me parezca bien. Lo que no me gusta es que no me lo hayas contado.

–Es que si te lo hubiera contado justo al llegar a casa, me habrías reñido, estoy seguro. Cuando estaba mirando los deuvedés del suelo, el pirata me pidió que le comprase una botella de agua. Lo hice, le dije que me había costado un euro, pero no me lo dio, me dijo que mañana. Como no quería que me riñeras, puse un euro de mi hucha. Es todo lo que ha pasado.

–Yo creo que mañana te lo devolverá –dijo su madre.

–Ya. Y me dará poderes para meter siete goles en cada partido.

–Mientras no sean siete balonazos en cada ojo... Bueno, así que no vas a leer, ¿no? ¿Te apago la luz?

–Ya la apago yo.

Daniel estaba preocupado por el partido del día siguiente. Pensó que la preocupación no le iba a dejar dormirse y, mientras lo pensaba, se durmió.

2 *El banquillo*

AL banquillo. Eso ya lo sabía: de cada diez partidos, nueve los empezaba en el banquillo. Luego lo sacaban, pero después de un rato. No le importaba mucho. Le gustaba animar a los jugadores desde tan cerca. Si el partido se ponía aburrido, hacía ejercicios de calentamiento y se imaginaba que estaba en un estadio de fútbol de verdad.

Alberto tenía unos ojos negros enormes y unas manos también muy grandes. Era el portero. En la banda izquierda, Hugo, algo más alto que Daniel, llevaba el pelo largo, igual que Messi, el jugador argentino del Barça; hacía de defensa, de mediocampista y hasta de delantero, porque era el que más corría y era un gran recuperador de balones. En la otra banda estaba Gonzalo, que tenía los ojos redondos de color miel y el pelo del mismo color, muy rizado, y corría mucho; controlaba bien el balón. Ese día, Gonzalo estaba en el banquillo junto con

Daniel y seguramente no iba a jugar en todo el tiempo porque se había torcido un tobillo en su casa, justo antes de salir. Miguel Ángel siempre jugaba con unas zapatillas de color azul brillante, y era delantero igual que Daniel, aunque corría mucho más; Pablo el Regateador también era delantero, y era muy bueno, solo que era de un curso menor y se cansaba pronto. Y en el centro del campo jugaba Alicia, una chica bastante alta de pelo negro recogido en una cola de caballo. Alicia corría tanto como Hugo y tenía buena puntería, pero le costaba más regatear.

Iban perdiendo dos a uno cuando lo sacaron para sustituir a Pablo. Daniel empezó a correr de un lado a otro. Hugo había interceptado un pase del equipo contrario y corría con la pelota por el centro del campo. Miguel Ángel le hacía gestos para que se la pasara, pero había un jugador del otro equipo a su lado. Daniel estaba bastante lejos.

Hugo miró a Daniel, dudó y decidió seguir corriendo con el balón. Por fin, hizo un disparo muy bueno, pero, como su posición era regular, el balón pasó a pocos centímetros del poste y salió fuera. Tuvieron otras dos oportunidades, sin suerte. Después, Daniel volvió al banquillo.

Cuando salió en el segundo tiempo, le dio un buen pase a Hugo. Era lo que mejor hacía, dar

pases. Lo malo fue que enseguida dos del equipo contrario rodearon a Miguel Ángel, que iba a recibir el balón de Hugo, y aunque Hugo había apuntado bien, Miguel Ángel no logró tocarlo.

En el último minuto, Hugo robó un balón al delantero del otro equipo, corrió mucho y se lo pasó a Miguel Ángel, que estaba en la banda izquierda. Miguel Ángel se lo pasó a Alicia, Alicia volvió a pasárselo a Hugo y... ¡golazo! Daniel se abrazó con Gonzalo y chocó las dos palmas de las manos con David, su entrenador.

Mientras se cambiaban, Daniel le dijo a Hugo:

–Un empate no está tan mal.

–¿Cómo que no? –dijo Hugo muy serio con la melena cubriéndole los lados de la cara–. Hemos bajado dos puestos. Y solo nos quedan tres partidos. Como perdamos uno más, ya no podremos ganar el campeonato.

–No solo importa ganar –dijo Daniel.

–¡Ya! Quien dijo que lo importante es participar no ganó nunca –contestó Hugo

–¡Vaya frase, parece el anuncio de Schweppes! –dijo Daniel.

–¿Y qué? –dijo Hugo–. También es verdad.

Daniel no contestó. Se le pusieron los ojos pensativos. Siguió cambiándose, pero si un moscardón hubiera pasado volando delante de él, seguramente no lo habría visto.

Por la tarde, su madre le pidió que bajara a la tienda otra vez; necesitaba un paquete de pan de molde. Daniel obedeció sin muchas ganas. Cuando volvía, el pirata lo llamó desde la otra acera:

–¡Eh, chico!

Daniel dio un rodeo para cruzar por el paso de cebra. Luego se quedó de pie delante de la manta con películas, mirando cómo el pirata le vendía dos a un señor.

El pirata no tenía ningún aspecto de pirata de barco, claro. Llevaba un pantalón vaquero y una camiseta de manga corta azul un poco desteñida. También llevaba unas deportivas de marca, aunque seguramente eran falsas, pensó Daniel; por algo era un pirata. A veces se sentaba en el suelo, y entonces parecía bajo. Pero si se ponía de pie, era más o menos como su padre.

Cuando el señor se fue, el pirata empezó a buscar algo en su mochila. Por fin lo encontró. Era una moneda. No una moneda de oro, sino un euro vulgar y corriente:

–Toma –le dijo el pirata.

Daniel lo cogió, un poco avergonzado de haber pensado que el pirata no se lo iba a devolver. Luego, sin que viniera a cuento, el pirata dijo:

–¡Zidane!

Primero Daniel pensó que el pirata estaba como una cabra. Hasta que cayó en la cuenta de que llevaba puesta la camiseta que le había regalado su amigo Manuel por su cumpleaños, en la que estaba escrito con letras blancas sobre fondo rojo: «Fan de Zizou».

–Sí –dijo Daniel–. Era buenísimo.

El pirata asintió con la cabeza varias veces.

–La final del Madrid contra el Bayern. Roberto Carlos le dio un pase por el aire, un balón imposible de controlar.

–Y antes de que la pelota tocara el suelo, Zidane chutó y la metió en la portería.

Daniel se guardó el euro en el bolsillo. No sabía si atreverse, pero al final se atrevió.

–Soy Daniel –dijo–. ¿Cómo te llamas?

–Mi nombre es Maxama –dijo el pirata.

–Maxama, ¿tú juegas al fútbol?

–Mi pierna –dijo Maxama señalándose la pierna izquierda–. Tengo una pierna mala, no puedo jugar. Pero antes jugaba bien. Y tú, Daniel, ¿juegas al fútbol?

–¡Sí! Aunque... bueno, no juego muy bien. Oye, Maxama, ¿cuánto tiempo hace que vives en mi país?

–Quince meses –dijo Maxama.

–¡Quince meses! Yo llevo cinco años estudiando inglés en el colegio, y lo hablo peor que tú el español.

–Es que yo necesito saber español –dijo Maxama.

–Y yo necesito jugar bien al fútbol... –dijo Daniel.

Se oyó un silbido. Maxama empujó los deuvedés hacia el centro de la manta y tiró de una cuerda. Con la mochila en una mano y la especie de hatillo con la otra, desapareció cojeando a toda velocidad. Un policía hombre y un policía mujer corrían hacia donde estaba Daniel. Cuando llegaron, él se había alejado unos metros, balanceaba la bolsa de pan de molde y no miraba hacia atrás. Los policías no le dijeron nada.

Por la noche, Daniel se asomó al balcón de su cuarto. Sus padres no le dejaban poner una silla ahí, para que su hermana pequeña no se subiera. Así que a veces Daniel cogía la silla de su cuarto, la sacaba fuera y luego la volvía a meter. Le gustaba sentarse en el balcón sin hacer nada, mirando la gente pasar y las estrellas del cielo.

Pero esta vez no cogió la silla. Se quedó de pie y miró el tramo de acera donde solía estar Maxama. A lo mejor ya nunca volvía a verlo. Otra vez pensó en las mentiras de los libros. Allí los piratas tenían barcos y sables y loros. Maxama no tenía nada de eso.

3 *El secreto*

EN el desayuno, Daniel le preguntó a su padre por qué los que vendían deuvedés en el suelo se llamaban piratas.

–Bueno, ellos venden deuvedés sin permiso para hacerlo, digamos que no respetan las reglas, igual que los piratas. Y obtienen su botín navegando, no por el mar, pero sí por internet, que es una especie de mar imaginario. Así que son piratas de esos mares.

–¿Son malos? –preguntó Daniel.

En ese momento llegó Mariú y pidió a su padre que le abrochara el vestido. Mientras su padre lo hacía, lo llamaron por el móvil. Detrás de Mariú, llegó su madre.

–Mamá, ¿los piratas del *top manta* son malos? –preguntó Daniel.

Su madre tenía cara de medio dormida. Se sirvió el café y dijo:

–Buenos días... A ver, los piratas... Los vendedores del *top manta* hacen algo que está prohibido por la ley. Pero eso no siempre significa que seas malo.

–¿Y de qué depende? –preguntó Daniel.

–Ve terminando –dijo su madre–. Todavía tienes que lavarte los dientes y ya es tarde.

–¡Pero si Mariú acaba de empezar!

–Ya lo sé, pero ella desayuna menos. Vamos, esta noche seguimos con los piratas, ¿de acuerdo?

Daniel hizo caso a regañadientes. Desde luego, pensó, si volvía a ver a Maxama iba a hablar con él. No le parecía que fuera malo aunque lo persiguiera la policía.

Esa mañana, en el partido del recreo, Daniel estaba marcando a un compañero del equipo contrario que se acercaba peligrosamente a la portería. Intentó quitarle el balón, pero no pudo y el chico tiró a puerta. Alberto, el portero, consiguió desviarla y no pasó nada, pero podía haber pasado. Un rato después, Daniel estaba cerca de la portería del contrario, cuando Hugo tiró un pase muy fuerte dirigido a Gonzalo. Gonzalo no pudo controlar el balón. Daniel, que estaba detrás, lo recogió. Pero tenía que cambiar de postura para tirar y en ese momento se la quitaron los del otro equipo. Hicieron un contraataque y estuvieron a punto de marcar. Por suerte, no eran muy buenos y el balón pasó a medio metro del palo. El partido terminó con un empate a cero.

Daniel estuvo callado y pensativo mientras subían por las escaleras. En el tercer piso, Hugo dijo:

–No te preocupes, Daniel; no ha sido culpa tuya que Gonzalo no llegara a tiempo. Yo había tirado demasiado fuerte.

Daniel sonrió y dijo:

–No estoy preocupado. Además, ¿sabes?, a partir de ahora voy a jugar muchísimo mejor.

–¿Ah, sí? –rió Hugo.

–Ya verás –dijo Daniel con una seguridad que a Hugo lo desconcertó.

–¿Y por qué?

–Es un secreto –dijo Daniel.

–Dímelo –dijo Hugo–. ¿Vas a ir a entrenar a algún sitio?

–Es un secreto.

Habían llegado a clase y dejaron de hablar. Pero, como se sentaban cerca, Hugo siguió preguntándole. Y Daniel siempre contestaba que era un secreto. Por fin, Hugo se cansó.

–¡Bah! –dijo–. Te lo estás inventando todo.

Cuando Daniel llegó a casa, fue corriendo al balcón de su cuarto. Desde allí alcanzaba a ver el tramo de acera donde solía ponerse Maxama. Pero nada, no le veía. Daniel estuvo pensando y al final sacó dinero de su hucha para comprar un lápiz. Quería hablar con Maxama y no quería mentir. Sabía que si pedía permiso a sus padres para ir en busca del pirata, no se lo darían. Bajó las escaleras, cruzó y le pareció distinguir a Maxama dos calles más allá. Sin embargo, no fue directamente a hablar con él. Se dirigió primero a la papelería, compró el lápiz más barato de todos y luego, al volver, se desvió para ver si aquel pirata negro que había visto era Maxama. Lo era.

–Pensé que ya no iba a volver a verte –dijo Daniel.

–Pues ya estás viéndome –Maxama sonrió. Llevaba puesta una camiseta de rayas finas, rojas, naranjas y negras, que le daba un poco más aspecto de pirata, aunque no mucho.

Dos chicos jóvenes se acercaron para mirar los deuvedés. Daniel hizo como que también miraba. Los chicos compraron dos películas, querían pagar solo cinco euros por las dos juntas, pero Maxama dijo que o seis o nada. Los chicos aceptaron, y se fueron con las películas sin fijarse en Daniel.

–Maxama, ¿tú te crees eso de que lo importante es participar? Porque el caso es que todo el mundo quiere ganar.

Maxama se quedó callado. Daniel no sabía qué hacer y se puso a contar. Cuando Maxama contestó, Daniel había llegado al número treinta y dos.

–Depende –dijo Maxama.

–¿De qué?

–Mira, casi todos los jugadores quieren ganar, pero ¿a que a ninguno le gusta que le dejen ganar?

–Es verdad –dijo Daniel–, eso da mucha rabia.

–Gusta ganar porque gusta hacer las cosas bien.

–Ya –dijo Daniel. –Pero en el fútbol, hacer las cosas bien es ganar.

–Daniel, cuando yo jugaba, me decían que había que saber perder. Pero lo más difícil es saber ganar. En mi país hay una planta que siempre gana. Es una semilla que, si cae en un campo, se extiende por todo el campo y ya no crece nada más, solo ella. Es una plaga. Las plagas son plantas o animales que no saben ganar.

–Bueno –dijo Daniel–. Yo todavía no tengo ese problema. Si en mi equipo hubiera cinco como yo, nunca ganaríamos.

–Pero ¿te gusta jugar? –preguntó Maxama.

–Me gusta muchísimo –dijo Daniel.

Después se quedaron callados. Hasta que Daniel volvió a hablar:

–Oye, Maxama, ¿tú podrías enseñarme a jugar al fútbol?

–Daniel –contestó Maxama–, ¿tú tienes dedos en los pies?

–¡Claro que tengo dedos!

Maxama estaba serio.

–Ya sé que tienes dedos, pero ¿tú lo sabes? Cuando andas, ¿andas con dedos en los pies?

Daniel se quedó pensando.

–No –dijo por fin–. Creo que ni siquiera ando con los pies. Ando con los zapatos.

Maxama sacó un pañuelo azul claro y azul oscuro del bolsillo de su pantalón vaquero. Lo extendió en el suelo junto a los deuvedés. Después se quitó la zapatilla de la pierna buena, puso el pie en el borde del pañuelo y, estirando y encogiendo los dedos, con solo tres movimientos, logró acercar el pañuelo hasta tenerlo todo bajo el pie.

–Tienes que tener pies y dedos en los pies –dijo Maxama.

Luego le dio el pañuelo.

–Toma. Practica en tu casa. Cuando puedas hacer lo que yo he hecho, te enseñaré más cosas.

Daniel cogió el pañuelo sin mucha convicción. Pensaba que tendría que esconderlo porque no podía explicar a sus padres de dónde lo había sacado. Pero, al mismo tiempo, tenía unas ganas enormes de subir a casa a practicar con él.

–¡Gracias, Maxama! –dijo.

Mientras doblaba el pañuelo, llegó una señora y se puso a mirar deuvedés. Daniel se retiró un poco. Empezó a pensar que en las películas, por lo menos la mitad de las veces, si no más, los piratas eran los buenos. Y en los libros. Desde que era pequeño, sus padres le habían comprado pijamas con piratas, camisetas con piratas, parches para el ojo, garfios, libros de piratas y sobre piratas. También le habían regalado dragones con dientes afilados. Pero los dragones no eran personas. Daniel pensaba que sus padres no le habrían regalado nunca una camiseta con asesinos, por ejemplo, ni le habrían enseñado canciones de gente cruel. Si a sus padres les gustaban los piratas, lo normal era que fuesen buenos.

La señora se fue. A Daniel le parecía bastante ridículo preguntarle a Maxama si era bueno. En lugar de eso, dijo:

–Hasta pronto, Maxama. Seguirás viniendo, ¿no?

Maxama lo miró a los ojos:

–Vendré, sí. Te lo prometo.

Daniel entró en casa con el lápiz recién comprado. Sus padres se limitaron a saludarle, sin preguntar nada. En cambio, Mariú lo primero que dijo fue:

–Daniel, ¿para qué has ido a comprar un lápiz, si ya tienes muchos?

Daniel probó a hacer eso que dicen los libros: «la fulminó con la mirada». Siempre lo intentaba y siempre era inútil. En efecto, Mariú no desapareció, no cayó al suelo víctima de un desmayo y ni siquiera pareció darse cuenta de que acababa de ser fulminada, sino que siguió preguntando:

–¿Para qué quieres más lápices? ¿Por qué has tardado tanto? ¿Qué llevas en el bolsillo de atrás del pantalón?

Aquello ya era demasiado. Daniel dijo:

–Ven a mi cuarto.

Una vez dentro, le preguntó:

–¿Ves este lápiz?

–Sí, claro que lo veo –dijo Mariú.

–Pues no es un lápiz. Es un tornillo de la máquina teletransportadora que estoy construyendo.

–¡Enséñamela!

–Está ahí –dijo Daniel señalando hacia uno de los rincones del cuarto.

–Ahí no hay nada –dijo Mariú.

–¿Cómo que no? –dijo Daniel–. Ven conmigo.

Daniel arrastró a Mariú hasta el rincón. Luego, con el lápiz nuevo, trazó una curva en el suelo marcando el ángulo entre las dos paredes y también el contorno de la máquina. Después, vendó los ojos de Mariú con un pañuelo viejo de su madre que usaban para disfrazarse.

–¿Adónde quieres ser teletransportada?

–¡Al Parque de Atracciones! –dijo Mariú.

–Hmmm. Ten en cuenta que aún no he terminado la máquina. Solo puedo teletransportar a una persona, así que estarás tú sola en el parque.

–¡Jo! Bueno, pues... a ver... ¡a mi cuarto!

–Muy bien. Tienes que seguir con los ojos vendados y no debes abrir la boca hasta que deje de sonar la señal de la máquina; si la abres, podrían entrarte partículas interestelares.

Daniel cogió un viejo despertador e hizo que la alarma sonara en ese momento; luego apagó la luz para que Mariú, aún con los ojos tapados, notara la oscuridad. Por fin cogió a Mariú en brazos y la llevó hasta su cuarto. La dejó encima de la cama junto con el despertador sonando. Cerró la puerta y se fue al salón, después de haber guardado bien el pañuelo de Maxama para que no asomara ni una punta.

–¡Has sido tú! ¡Has sido tú!

Mariú llegaba corriendo, con los ojos destapados.

–¿Yo? –dijo Daniel.

–¿Qué te ha hecho esta vez? –preguntó su madre.

–¡Me ha «teleportado»!

Su madre se echó a reír, y Daniel también. Mariú dio una patada en el suelo, pero luego también se rió.

–Venga, ¡a bañarse! –dijo la madre de Daniel.

Daniel respiró. Ahora podía meterse en su cuarto sin que Mariú lo molestara. Así lo hizo. Puso la silla debajo del picaporte, igual que hacía Kika en los libros, pues Daniel había comprobado que eso, por lo menos, sí que funcionaba.

Se descalzó, se sentó en el suelo y extendió el pañuelo delante de él. Puso los dedos en el borde para intentar asir el pañuelo con ellos. ¡Buf!, era difícil. Muy difícil. Después de siete movimientos, el pañuelo seguía casi igual. Daniel siguió probando y poco a poco logró acercar casi un tercio del pañuelo. Continuó, más animado, hasta conseguir acercar la mitad del pañuelo. Oyó que su madre le pedía que se duchara.

–¡Ya voy! –gritó, y escondió el pañuelo en el fondo del armario.

4 *No tenemos tiempo*

DANIEL entrenaba con el pañuelo por las noches. También, al andar, se empeñaba en acordarse de que, además de zapatos, tenía pies. Movía los dedos dentro de los zapatos y pisaba el suelo con fuerza, imaginando el camino que iba del suelo a la suela, y de la suela a los pies, a las piernas y a todo su cuerpo. Pensaba que eran sus pies los que lo unían a la tierra. Entonces se acordaba de que la Tierra era redonda y pensaba que, gracias a los pies, las personas podían andar por ella. Se preguntaba por la fuerza de la gravedad. Le gustaría verla; como esas gafas que permitían ver el calor de los cuerpos, a lo mejor podían inventar unas que permitieran ver en qué zonas la Tierra tiraba más de ti o menos.

El jueves jugaron un partido en el recreo y Daniel no jugó mejor que antes. Eso lo desilusionó un poco. Por la tarde dijo que tenía que comprar una goma de borrar y estuvo buscando a

Maxama. Habían pasado ya tres días desde la última vez y en todo ese tiempo no lo había visto.

Daniel estuvo casi veinte minutos dando vueltas por la calle: nada. Buscándolo, llegó a alejarse bastante de su casa. Esperaba ver aunque fuese a otro pirata y preguntarle por Maxama. Pero no vio a ninguno. Daniel empezó a preocuparse. Recordaba lo que le había dicho Maxama: «Vendré, sí. Te lo prometo». También recordaba la persecución de la policía.

Volvió a casa sin ganas de hablar con nadie. Se tumbó en su cama y empezó a pensar en todas esas historias donde los piratas eran los malos y jamás cumplían sus promesas. Recordó cuando el capitán Garfio prometía a Campanilla que nadie iba a seguirla pero era mentira, era una trampa para descubrir la guarida de Peter Pan. Bueno, pensó Daniel, ya soy bastante mayor. Maxama no tiene barco ni casaca roja ni sable ni parche en el ojo. Se habrá olvidado de mí, habrá otras calles donde le compren más deuvedés. Claro que también puede haberlo cogido la policía.

Daniel salió de su cuarto y fue al salón, a la mesa con el ordenador donde trabajaba su madre:

–¡Mamá!

–Un momento, Daniel.

Daniel esperó. Ya conocía los «momentos» de su madre. Contó hasta sesenta, luego hasta cien. Cuando llegó a ciento cuarenta, iba a decir «mamá» otra vez, pero su madre dejó de teclear y lo miró:

–Dime.

–Mamá, ¿te acuerdas del pirata que se pone en la esquina de enfrente?

–Sí, claro.

–¡Pues es que a lo mejor lo han metido en la cárcel!

–¿Por qué piensas eso?

–Porque lleva tres días sin venir.

–Habrá cambiado de barrio.

Daniel guardó silencio. Maxama le había prometido volver, pero si decía eso, su madre lo regañaría por hablar con piratas.

Daniel se fue a su cuarto, extendió el pañuelo y empezó a practicar. Después de varios intentos, consiguió recoger el pañuelo en nueve movimientos. Había batido su récord. Dobló el pañuelo, lo escondió y salió al balcón.

¿Eh? ¡Pero si era Maxama! ¡Estaba ahí, en su esquina, como si tal cosa!

Daniel fue corriendo a buscar a su madre.

–Mamá, por favor, déjame bajar a la calle un momento para ver las películas del pirata.

–Vaaale –dijo su madre.

Cuando llegó donde estaba Maxama, había una chica comprando tres películas.

–Nueve euros –decía Maxama.

–Siete –dijo la chica.

–No –dijo Maxama–. Nueve.

La chica dio los nueve euros a Maxama y se fue.

–¡Has venido! –dijo Daniel–. ¿Estás bien? ¿Qué te ha pasado?

–Hola –sonrió Maxama–. ¿Cómo va el fútbol?

–Regular –dijo Daniel–. Ya sé hacer lo del pañuelo en nueve movimientos. Pero sigo jugando regular.

–Claro, chico. Se aprende despacio.

–¡Es que no tenemos tiempo! Faltan solo tres partidos para el final del campeonato. ¡Y si perdemos el próximo, ya no podremos quedar los primeros!

–¿Cuándo es el próximo?

–Dentro de una semana.

–Demasiado poco tiempo –dijo Maxama–. No te puedo enseñar tan deprisa.

–Pero no puedo conseguir más tiempo.

–Te entiendo –dijo Maxama–. Yo tampoco tengo el tiempo que necesito. ¿Quieres hacer trampa?

–¡Nooo! –dijo Daniel.

–¿Por qué no?

–Porque no está bien.

–Eso depende.

–No. No depende. Hacer trampa nunca está bien. Yo una vez tropecé con un central en un partido. Me di un buen batacazo. El árbitro me miró y estaba a punto de pitar, pero yo le dije que no pitara, que siguiera el juego porque no había sido falta.

–¿Y si juegas con un tramposo? –preguntó Maxama.

–Pues da igual. Lo importante es la deportividad. Si juegas con un tramposo, al final del partido te acercas y le das la mano, porque tú no eres un tramposo.

–¿Y si un tramposo está a punto de matarte? –dijo Maxama.

Daniel miró a Maxama desconcertado. El pirata había dejado de sonreír. Daniel sintió un escalofrío. Se quedó un rato pensando. Luego dijo:

–Entonces, es que ya no es un juego.

Dos mujeres se acercaron juntas y preguntaron a Maxama por una película. Al mirarlas, Daniel vio que unos metros más atrás estaba su padre.

–¡Adiós! –le dijo a Maxama, y echó a andar rápidamente hacia su padre. No sabía por qué, pero prefería que no lo viera hablando con el pirata.

5 *El gol del cojo*

EL viernes, después de clase, Daniel fue a casa de Hugo. Gonzalo también iba a ir, pero al final no pudo porque sus padres tenían otros planes. Frente a la casa de Hugo había un patio enano donde se podía jugar al fútbol. Daniel y Hugo querían bajar enseguida.

–No –dijo la madre de Hugo–. Primero hacéis los deberes y después bajáis.

–¡Pero si no tenemos casi deberes y está todo el fin de semana! –protestó Hugo.

–Mejor, así podréis bajar antes.

Hugo se encogió de hombros.

–Vamos –le dijo a Daniel.

Sacaron los cuadernos de la mochila.

–No es por los deberes –dijo Hugo–. Es por el fútbol. Mi madre no quiere que esté siempre jugando al fútbol.

–Sí, qué pesados. A mis padres les pasa lo mismo.

Tenían que escribir el resumen de una película.

–¿Has visto *Un entrenador genial*? –preguntó Daniel.

–Dos veces.

–Voy a hacerlo sobre esa película. ¿Te acuerdas del final? Cuando el padre se arrepiente de haber tratado mal a los jugadores porque lo único que le importaba era ganar...

–Sí, entonces deciden jugar justo al revés, jugar para divertirse.

–Pero ganan.

–Sí, ganan.

–¿Te das cuenta? Es como tu anuncio. En todas las películas dicen que lo importante no es ganar, sino divertirse, participar. Pero luego también ganan. Imagínate qué mal habría terminado la peli si se divierten mucho jugando pero pierden.

–Claro, es que se juega para ganar –dijo Hugo–. No es que participar no sea importante, pero se participa para intentar ganar. Si no, menudo rollo serían los partidos.

–Pero ¿te gustaría que te dejaran ganar?

–¿Aposta? No –dijo Hugo–, claro que no.

Daniel dudaba. Tenía muchas ganas de hablar con Hugo de Maxama y al mismo tiempo pensaba que no debía hacerlo. Sentía como si Maxama le hubiera confiado un secreto que no debía contar a nadie.

–Venga –dijo por fin–, vamos a hacer lo de Lengua y así podremos bajar al patio–. ¿De qué película vas a hablar tú?

–De *La brújula dorada.*

Escribieron muy rápido los resúmenes. Un cuarto de hora después, estaban jugando abajo. Primero, Hugo tiró diez penaltis a Daniel y metió ocho. Luego le tocó a Daniel y metió cinco.

–Oye –dijo Hugo–, has mejorado bastante. ¿Era verdad lo que me dijiste, vas a algún sitio a entrenar?

–No. Bueno, sí. Me entreno en casa. Pero alguien me dice qué cosas debo hacer.

–Ah –dijo Hugo–. ¿Y quién te lo dice?

–Es un secreto.

–¡Ya sé! Es Zidane. Te llama por teléfono y te dice cosas.

–No.

–Entonces Soldado, tu jugador favorito.

–No, Hugo. Es un amigo, es como un vecino, pero no puedo hablar de él.

Siguieron jugando solos un rato. Luego llegaron dos chicos más y entre los cuatro montaron un minipartido. Iban uno a uno, pero Daniel cometió varios errores y les metieron tres goles seguidos. Hugo se puso de mal humor.

Los otros chicos jugaban bastante bien. Uno les llevaba dos años. Pero Hugo era el mejor jugador de su curso y Daniel entendía que le diera rabia perder, sobre todo perder por tanto. Pensó en Maxama y procuró volver a acordarse de que no tenía zapatos, sino pies. Recordó también lo que siempre les decían en los entrenamientos: no servía de nada ir deprisa si perdían el control del balón. Aunque Hugo ya no le pasaba ningún balón. Había empezado a jugar como si estuviera solo. Decidió intentarlo a pesar de todo. Como portero era malísimo, eso lo tenía claro. Si se quedaba ahí, en la portería, no iba a arreglar nada. En cambio, si salía, por lo menos podía sorprenderlos.

–¡Pero qué haces! –oyó gritar a Hugo mientras él avanzaba, solo y sin balón, hacia la portería contraria.

Hubo un momento de desconcierto. Hugo lo aprovechó para robar el balón y tiró a puerta. El portero lo despejó como pudo. Pero Daniel estaba ahí, chutó y metieron el cuarto gol. Hugo sonrió y se abrazaron como en los partidos de verdad. Terminaron de jugar cuando iban perdiendo doce a nueve, porque eran casi las ocho y tenían que subir.

–No ha cstado mal –dijo Hugo.

–No –dijo Daniel, y sonrió a Hugo. No sabía bien por qué, pero estaba un poco triste. Bueno, sí lo sabía. Le habría gustado que ganaran. Había jugado mejor que otras veces, pero no lo bastante bien. ¿Y si resultaba que, después de todo, ese anuncio de Schweppes tenía razón?

–Daniel, ha llamado tu padre, está esperándote abajo en doble fila –dijo la madre de Hugo cuando subieron.

Daniel cogió su cazadora vaquera.

–¡Adiós, Hugo, hasta el lunes!

–¿Todo bien? –le preguntó su padre mientras arrancaba.

–Sí –dijo Daniel.

Luego, los dos fueron callados hasta llegar a casa. Cuando salieron del coche, Daniel dijo:

–Oye, papá... –pero no dijo nada más.

–Sí, dime.

Daniel iba a preguntarle una cosa a su padre, pero lo pensó mejor y decidió no hacerlo. Como su padre estaba esperando, le habló del partido.

–Hoy he metido tres goles, el primero de rebote. Rebotó en el portero cuando intentó pararla, y yo rematé.

–El gol del cojo –dijo su padre.

–¿El gol del cojo? ¿Qué es eso?

–Antes, cuando no había cambios en los partidos, si un delantero se lesionaba, lo que hacía era quedarse cerca de la portería contraria, sin correr, y a veces metía un gol de rebote. Se le llamaba el gol del cojo.

–Pues yo he metido el gol del cojo, pero sin ser cojo ni estar lesionado –dijo Daniel.

–Es solo un nombre. Son goles importantes.

–Ya –dijo Daniel–. A mí no me importa el nombre. Además, casi todos los piratas son cojos.

Cuando llegaron a casa, Mariú ya había cenado y tenía puesto el pijama. Daniel cenó solo, aunque su madre, su padre y su hermana entraban y salían de la cocina. Daniel quería mucho a Mariú, sobre todo le hacía mucha gracia cuando sus padres la regañaban y Mariú corría a abrazarlo llorando desconsoladamente. Él le acariciaba la cabeza y le decía que no se preocupara, y se sentía muy orgulloso. Claro que había muchísimas veces en que le habría gustado fulminarla con la mirada y mandarla a un planeta lejanísimo un buen rato, incluso una semana, o cinco. Pero hoy lo que le pasaba era otra cosa. Hoy tenía ganas de que Mariú no fuera cuatro años y medio más pequeña. Daniel quería hablar con alguien mayor. Pero no con su padre ni con su madre. La pregunta que había estado a punto de hacerle a su padre cuando aparcaron el coche era esta:

–Oye, papá, eso de que lo importante es participar, ¿tú crees que es verdad?

No se la había hecho porque le había dado miedo. ¿Y si le decía que no, que no era verdad? ¿Y si la cosa era como lo de los Reyes Magos?:

primero te dicen que existen y luego, a los seis o siete años, te dicen que no. Pues con lo de ganar podía ser igual: primero te dicen que lo importante es participar, y luego, a los once o doce años, a lo peor van y te dicen que no, que lo importante es ganar y que lo otro era todo rollo. No estaba seguro de querer saber lo que pensaban su padre o su madre sobre eso. Pero tampoco le servía alguien de su clase, alguien como él. Daniel tenía otra hermana y otro hermano, pero tenían más de veinticuatro años y vivían fuera de casa. Le habría gustado tener un hermano que le llevara lo mismo que le llevaba él a Mariú. También estaba Maxama, el pirata. Aunque Maxama, calculó, debía de tener dieciocho o diecinueve. O a lo mejor hasta veinte.

Terminó de cenar lo más pronto que pudo y fue a su cuarto. Antes, al subir, no lo había visto. Quizá estuviera más lejos, en la segunda esquina. Pues no, no debía de estar. Hasta esa distancia era capaz de distinguir la mancha clara de los deuvedés puestos en el suelo. Daniel entró en su cuarto. Estaba cerrando el balcón cuando notó que algo golpeaba el cristal. ¡Qué raro! Salió otra vez. «Me lo habré imaginado», pensó. Pero, justo entonces, oyó:

–¡Chico! ¡Eh, chico!

Daniel miró hacia abajo y vio a Maxama con su bolsa de deuvedés al hombro. Por un momento tuvo miedo, pensó que a lo mejor volvía a pedirle dinero, y esta vez más de un euro. Lo que Maxama dijo fue:

–¿Tienes una naranja?

–Creo que sí.

–¿Me puedes tirar una?

–¡Sí! Enseguida.

Daniel entró corriendo en su cuarto, fue hasta la cocina y abrió la nevera; vaya, no había ni una sola naranja. Encontró peras y dos mandarinas. Pensó que las mandarinas se parecían más y que a lo mejor servían. Cogió dos y volvió hacia su cuarto con ellas en la mano. Cerró la puerta de su cuarto y puso una silla debajo del picaporte. También se puso el batín, porque seguía teniendo frío y si se acatarraba podían preguntarle qué había estado haciendo.

–No había naranjas –dijo–. He traído mandarinas.

–Mandarina está bien –dijo Maxama.

Daniel tiró la primera mandarina, la luz de una farola la iluminó un segundo y después la vio desaparecer en la manaza de Maxama, tan grande que casi parecía un guante de béisbol.

–¡Va otra! –dijo Daniel.

Maxama estaba distraído; por un momento, Daniel temió que la mandarina fuera a estrellarse contra el techo del coche más cercano y a hacerse fosfatina, aunque, pensó, cayendo desde un segundo piso, lo normal sería que no se rompiera. En efecto, cayó en el techo del coche, pero solo sonó algo así como ¡PLOC! cuando chocó contra él. Parecía una joya o un objeto mágico, con su color naranja iluminado encima del techo azul marino. Maxama la miró, luego miró a Daniel sonriendo y la cogió.

–¿Cómo vas con el pañuelo? –le preguntó.

–¡Muy bien! Ya lo hago en cinco movimientos, a veces en cuatro. Aunque en tres todavía no he podido.

–Sigue –dijo Maxama–. Sigue practicando. El próximo día te enseñaré otra cosa.

Maxama echó a andar. Daniel lo vio alejarse, cojeando, con la bolsa que se bamboleaba un poco. Se quedó unos minutos fuera todavía.

6 *Resistir*

EN el desayuno del día siguiente, Mariú pidió una mandarina.

–Dásela tú, Daniel –dijo su madre.

–No hay –dijo él sin levantarse.

–Venga, no seas vago, levántate y dale una –dijo su madre.

–Es que no hay, mamá, de verdad; ayer quedaban dos y las cogí.

–¿Mandarinas, tú? Eso es nuevo.

–¡Bueno! –dijo Daniel sin querer dar más explicaciones.

–¡Jo! –dijo Mariú–. ¡Pues vaya!

Daniel se levantó y fue a la nevera.

–¿Te apetece una pera verde, preciosa, recién cogida del árbol?

–Vale –dijo Mariú.

Daniel y su madre se miraron. Mariú tenía esas cosas: podía pasarse veinte minutos recordando la mandarina que no había conseguido tomar, enfurruñada y cabezota, o, como acababa de hacer, conformarse de repente y quedarse tan contenta.

Siguieron desayunando tranquilamente. Luego, sus padres se levantaron de la mesa, y entonces Mariú miró a Daniel directamente a los ojos:

–A ti no te gustan las mandarinas –dijo.

–Ya...

–¿Tienes un secreto?

Pero se oían cerca los pasos de su madre, y Daniel se llevó el dedo a los labios.

–¡Daniel! ¿Vienes un rato a jugar a mi cuaaaarto? –dijo Mariú con una voz que parecía pregonar a gritos que estaba disimulando.

–Vale, Mariú –contestó Daniel–. Vamos.

Ya en el cuarto de Mariú, en un susurro, ella le dijo:

–¿Has encontrado un extraterrestre?

–No –sonrió Daniel.

–¿Tienes una mascota, un hámster, una tortuga? ¿Las tortugas comen mandarinas?

–No, no es una mascota.

–¿Qué es? ¡Dímelo! ¡Por favor!

–Es que... –dijo Daniel.

–¡Un dinosaurio pequeño!

–No, Mariú. Tienes que prometerme no decírselo a nadie, nadie, nadie.

–Te lo prometo.

–Pero es que es muy serio. No se te puede olvidar.

–No. ¿Puedo verlo?

–Me da miedo.

–¿A ti te da miedo?

–A mí, no. Pero puede ser peligroso, y soy tu hermano mayor.

–Y tú, ¿qué? ¡También será peligroso para ti!

–Yo soy más prudente.

–¿Qué es «prudente»?

–Tengo uso de razón. Si me piden algo, puedo saber si está bien o mal eso que me piden. No es que tú no puedas, pero eres más pequeña y hay cosas que todavía no has aprendido.

–¡Ya sé escribir con minúsculas!

–Es verdad, pero no me vas a convencer.

–Bueno, pues dime qué es.

Daniel iba a contestar, pero otra vez dudó. A Mariú le gustaban los piratas, le gustaban muchísimo. Tenía tres pañuelos piratas, uno rojo, uno negro y uno rosa. Tenía un montón de cuentos de piratas. Y encima, a su colegio iba todos los viernes un profesor disfrazado de pirata a contarles cosas del mar y les regalaba un caramelo. Si le decía a Mariú que había dado las dos mandarinas a un pirata, no habría manera de pararla.

La conocía demasiado bien. Pero tampoco podía inventarse otra cosa; eso sería mentir y le traería nuevas complicaciones.

–Es una persona –dijo por fin.

–¿Un amigo tuyo?

Daniel asintió con la cabeza.

–¿Y por qué no lo he visto? ¿Por qué se esconde?

–Es que no es de mi clase ni de mi colegio. Es mayor. Y tiene problemas, por eso se esconde.

–¿Lo persiguen?

–Creo que sí –dijo Daniel, más tranquilo ahora porque veía que Mariú ya estaba inventándose su historia.

–¡Que no cunda el pánico! –dijo Mariú.

Daniel sonrió. Mariú había aprendido esa expresión y la usaba siempre que podía.

–Vale –dijo Daniel.

–Y si necesitáis ayuda, avísame. Yo soy la única que sabe judo de esta familia. Bueno, y nuestros hermanos mayores, pero como no viven aquí... Aunque también podemos llamarlos.

–OK –dijo Daniel.

–Oquei maquei –contestó Mariú.

Daniel volvió a su cuarto y estuvo practicando con el pañuelo. Ya era un mago con los dedos de los pies. Solo con los dedos. Cuando estaba en el campo, seguía perdiendo balones y, a veces, dando pases al contrario sin querer. «Para controlar el balón, debéis adelantaros a por él, no esperarlo en el sitio», eso venía en todos los libros de fútbol y también lo decía su entrenador. Sí, muy bien, pero resultaba que Daniel no era rápido, era de los que menos corrían de su clase y, por mucho que se adelantara, casi nunca llegaba a tiempo.

Oyó que alguien intentaba mover el picaporte. Guardó enseguida el pañuelo, quitó la silla y abrió la puerta. Era Mariú.

–Me voy con mamá a un cumpleaños –dijo en voz muy alta. Y luego, susurrando mientras le entregaba una especie de pequeño paquete hecho con un folio doblado–: ¡Toma, para tu amigo!

–¡Gracias! –dijo Daniel en voz baja también.

Salió al pasillo para dar un beso a su madre, y al volver abrió el paquete de Mariú: eran dos gominolas preciosas, una roja y otra naranja, brillantes, cubiertas de azúcar. A Mariú le encantaban, y a él también. Daniel cerró el paquete y decidió salir en busca de Maxama para dárselas.

Se asomó al cuarto donde estaba su padre con el ordenador.

–Papá, bajo a la calle un momento.

Su padre lo miró. Daniel sostuvo la mirada cruzando los dedos para que su padre no le preguntara adónde iba. Y su padre no lo hizo; parecía concentrado en otra cosa.

–No tardes mucho –dijo–. Tu partido es a las doce, ¿no?

–Sí, a las doce; no te preocupes, enseguida vuelvo –dijo Daniel.

Bajó corriendo las escaleras. Maxama estaba en la segunda esquina. Esta vez llevaba su camiseta azul desteñida de manga corta. No había nadie mirando los deuvedés, así que Daniel le dio el paquete de Mariú. Maxama lo abrió y miró a Daniel.

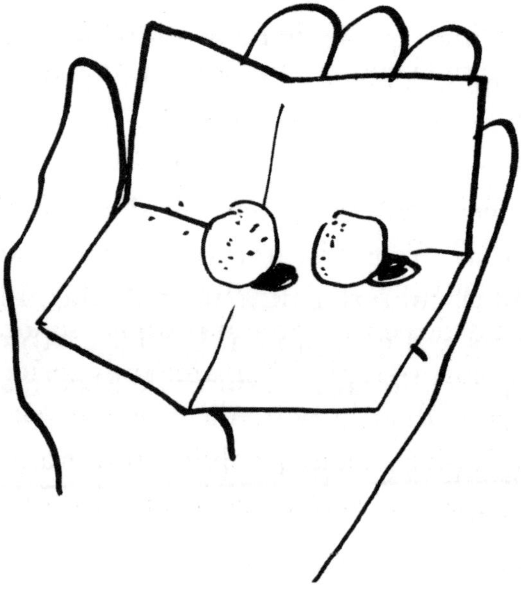

–Son gominolas, caramelos. Me las ha dado mi hermana pequeña para ti.

–¿Quieres una? –preguntó Maxama.

–No, gracias. ¿Qué me ibas a enseñar?

–¿Tú eres rápido?

–No mucho. Bueno, depende. En el campo de fútbol, no soy rápido

–Chico, dime otra vez tu nombre.

–Daniel

–Tienes que ver algunas cosas unos segundos antes de que pasen, Daniel.

–Eso es imposible.

Llegó un señor y se puso a mirar las carátulas. Daniel y Maxama se callaron. Daniel se dio cuenta de que Maxama parecía preocupado: sus ojos iban del señor a la calzada y al árbol y a lo que había detrás del árbol. A veces hasta parecía que salían fuera de las órbitas, miraban detrás de la cabeza de Maxama y luego al señor otra vez. El señor cogió una peli:

–Tres euros –dijo Maxama.

–Te doy dos euros y medio –dijo el señor.

–Tres euros –repitió Maxama muy serio.

El señor dejó la película y se fue. Maxama miró a Daniel y todavía volvió a mirar a su alrededor y hacia el señor que se alejaba. Luego se relajó.

–Creo que ya lo he entendido –dijo Daniel–. Por ejemplo, si me fijo en un vaso y me doy cuenta de que se va a caer, puedo cogerlo antes de que se rompa aunque no sea muy rápido con los brazos. Como lo he visto antes, tengo más tiempo para llegar al vaso.

–Eso está muy bien –dijo Maxama–. Pero también debes elegir. En mi país hay muchos magos. Los magos consiguen que te fijes en lo que ellos quieren.

–¿Igual que cuando un futbolista consigue que te fijes en su hombro? Lo mueve, crees que va a torcer hacia la izquierda, pero si te hubieras fijado en su pie, sabrías que va hacia la derecha.

–Sí, parecido –dijo Maxama–. En el fútbol, el balón te llama: «¡Mííírame, Danieeel!». «¡Veeen por mííííí!». Tú resiste. Fíjate en el campo, en tus compañeros, en tus rivales, en los pies del que lleva el balón.

–Pero si hago eso, todos me gritan porque no soy rápido, porque no marco a los demás, y tienen razón.

Maxama se rió.

–Claro, chico. No tienes que bajar una silla al campo y ponerte a mirar. Tienes que seguir jugando, marcando, corriendo. Y, además, debes resistir la llamada del balón, igual que cuando tiras a gol debes resistir la llamada del portero y no lanzárselo a él, sino adonde él no está.

–Pero ¿cómo me entreno para hacer eso?

–No te fijes en lo que atrae tu atención. Tú tienes que mandar sobre tu atención. Cuando una persona hable, no la mires, mira a los que oyen. Cuando algo se mueva, no mires lo que se mueve. Mira lo que está quieto. Pero ¡cuidado! Si cruzas una calle, fíjate en lo que se mueve. Entrena cuanto puedas.

–¡Gracias, Maxama!

Daniel miró la hora. Se hacía tarde. Todo lo que le había dicho Maxama le sonaba un poco marciano, pero, por otra parte, tenía ganas de probar.

7 *Empate*

EL banquillo era un buen sitio para ensayar los consejos de Maxama. En vez de mirar el partido siguiendo al balón y al jugador que lo buscaba, Daniel intentó mirar a los demás jugadores. Al principio se aburría, miraba a un jugador, miraba a otro, miraba las caras de los porteros y de los suplentes. Luego se acordó de lo que le decía su padre sobre el fútbol y la tele: el fútbol se veía mejor en el campo porque podías ver el campo entero. Pensó que era algo parecido a lo que decía Maxama. La tele solo seguía el balón, o las peleas de los futbolistas. La tele nunca podría descubrir el truco de un mago porque se fijaba en lo que llamaba la atención y no en las cosas más escondidas. Daniel empezó a mirar el campo entero y se dio cuenta de que le recordaba mucho algo que había visto hacía poco, pero no sabía qué. Por fin se acordó: el imán que les había regalado su tío Ignacio con pequeñas limaduras de hierro. Las limaduras estaban desperdigadas encima de la mesa, pero, si acercabas el imán, se reunían todas formando un montoncito que se movía en la misma dirección del imán. Los jugadores eran como el montoncito de limaduras, de repente lo vio clarísimo. Iban todos juntos siguiendo el balón. A veces quedaban dos o tres algo más desperdigados, pero también se movían siguiendo al montón grande y al imán. Y resultaba que, mientras tanto, una parte muy grande del campo se quedaba vacía.

Daniel estaba pensando en eso cuando el entrenador lo apremió:

–Sal tú ahora; parece que Miguel Ángel se ha hecho daño.

Daniel salió corriendo al campo. Allí dentro era mucho más difícil seguir las instrucciones de Maxama. Si levantaba la cabeza, solo veía otras cabezas, camisetas, cuerpos moviéndose deprisa y voces. Maxama no le había dicho nada de las voces. Porque se puede no mirar una cosa, pero es mucho más difícil no oír algo. Unas veces oía gritos de ánimo para su equipo: «¡Zipi! ¡Zape! ¡Laforet al combate!», gritaban los que animaban a su equipo. También oía las voces de los padres que felicitaban a los jugadores por algo que habían hecho, o daban órdenes: «¡Marca! ¡Muévete! ¡Tira!

¡Corre!». Y a los que se metían con él y con otros jugadores: «Pasa, pasa...». «No chupes, no chupes...». «¡Pero qué haces, tío!». Tres clases de gritos, aunque las tres se parecían en que no le dejaban quedarse quieto, resistirse al balón y mirar para poder pensar lo que debía hacer. Empujado por las voces, Daniel corrió hacia donde estaba la mayoría de los jugadores. De repente, se encontró con el balón y pudo controlarlo. Pero cuando trató de pasarlo, alguien del otro equipo lo interceptó.

Daniel se dijo: «¡No voy a hacer caso de lo que oigo, no voy a oír, no voy a oír!». Y entonces, durante un momento, lo consiguió: vio un hueco grandísimo, una especie de túnel enorme que llevaba a la portería de Alberto. Corrió por ese túnel para evitar que nadie entrara allí; aunque él no fuera defensa, debía ayudar a proteger, porque si un jugador entraba por ese túnel, les metería un gol, seguro. Y, en efecto, un chico del equipo contrario, que también parecía haber visto el mismo túnel, se metió dentro como una locomotora. Daniel avanzó lo más rápido que pudo, el chico se desconcertó al verlo aparecer y, aunque sus zancadas eran más largas que las de Daniel, tuvo que chutar unos segundos antes de lo que había pensado: la pelota rozó el palo, pero no entró en la portería.

Cuando volvió al banquillo, seguían cero a cero, y así terminaron el primer tiempo. A los cinco minutos del segundo, un jugador del equipo contrario avanzaba a toda velocidad. Hugo, como tantas otras veces, logró despejar el balón, pero otro jugador lo recuperó. «¡Baja aquí, Gonzalo!», gritó Hugo. Demasiado tarde, el jugador dio un pase al otro extremo, y les metieron el primer gol. Menos mal que diez minutos después, Hugo tiró una falta y empataron. Daniel se preguntaba qué hacía Hugo para no cansarse: estaba en todas partes, despejaba balones, los recuperaba, daba asistencias de gol. Casi al final del partido, salió corriendo desde atrás con el balón, llegó hasta el área enemiga, hizo una pared y tiró el balón con un ángulo imparable: «¡Dos a uno!».

Daniel estaba nervioso; faltaba muy poco para que terminara el partido. Si ganaban, era seguro que jugaban la final. Pero ¿qué estaba pasando? Hugo había golpeado un balón entregándoselo a Alberto en la portería, y Alberto, en vez de retenerlo, quiso chutar, pero tuvo mala suerte: el balón se desvió y fue a parar directamente a un jugador del equipo contrario:

–¡Jo, corred! –gritó Hugo.

Pero estaban descolocados. El jugador se adelantó con el balón, centró al delantero, que sí estaba bien colocado, y empataron. A los pocos segundos, sonó el silbato. El partido había terminado 2-2.

Si querían llegar a la final, ya no les bastaba con empatar el siguiente partido: solo podían ganar. Y lo peor era que jugaban contra el Eliseo Reclús, un equipo que les había ganado por 1-4 y que no había tenido ni una sola derrota en todo el curso.

Pablo se marchó porque sus padres tenían prisa. Los demás fueron al rincón del gimnasio donde se cambiaban.

Hugo estaba enfadado y triste.

–No cubrimos –dijo–, no corremos lo bastante, entregamos demasiados balones al equipo contrario por no pensar. Tenemos que jugar mejor.

–Es que al final estábamos cansados –contestó Alberto–. Siempre nos pasa en las segundas partes. Tenemos pocos cambios.

–Es verdad, pero eso no lo podemos arreglar –dijo Hugo–. Y sí que podríamos jugar mejor.

–Lo intentamos –dijo Miguel Ángel.

–Pero nos desanimamos enseguida –dijo Hugo–. En cuanto nos meten un gol, nos desinflamos. Si David estuviera aquí, nos diría lo mismo, ¿no?

–Los del otro equipo jugaban bastante bien –dijo Gonzalo–. Y yo creo que el árbitro les ha ayudado. Ha parado el juego dos veces por faltas que eran una tontería, y nos ha sacado dos amarillas sin tener razón.

–A mí también me lo ha parecido –dijo Hugo–, pero si hubiéramos jugado como lo hacemos en los entrenamientos, habríamos ganado.

–Lo malo es que en el próximo partido solo podemos ganar –dijo Alicia, que había deshecho su cola de caballo y ahora tenía la melena negra extendida sobre los hombros–. Los del Eliseo nos ganaron 1-4 en nuestro campo. Además, son por lo menos diez en el equipo.

–Un amigo me ha dicho un truco que es bueno para practicar –dijo Daniel.

–Tú y tu amigo el fantasma... ¡Pues estamos buenos! –dijo Hugo.

–No es un fantasma –dio Daniel–. Es…

En ese momento llegó la madre de Miguel Ángel y Daniel se calló. Después llegaron también el padre de Alicia y el de Alberto. Se quedaron solo Gonzalo, Hugo y Daniel.

–Vamos a perder –dijo Hugo–. Ya sé que a ti te da igual –miraba a Daniel–, pero a mí no.

–¡A mí no me da igual! –dijo Daniel con los ojos muy brillantes, casi como si fuera a llorar, aunque desde luego no iba a dejar que se le saltara ni una lágrima.

–Sí que te da igual –dijo Hugo–. Como no juegas muy bien, te importa menos perder. Pero es la segunda vez que nos pasa, quedar terceros y ni siquiera poder jugar la final.

–Déjalo, Hugo, qué más da –dijo Gonzalo–. Tampoco importa tanto, ¿no? Solo es un juego –luego cogió la mochila y echó a andar.

Hugo empezó a ponerse su mochila, cuando Daniel casi gritó:

–¡No es verdad! ¡A mí me importa mucho, me importa muchísimo! Y ya sé que no juego muy bien. Pero quiero aprender a jugar mejor. No es solo un juego. Es un entrenamiento para más cosas.

El padre de Hugo estaba lejos hablando con la madre de Gonzalo. El padre de Daniel hablaba por el móvil. Hugo y Gonzalo se volvieron hacia Daniel.

–¿Qué dices?

–Si viviéramos en la selva y fueseis de mi tribu, y en vez de al fútbol jugásemos a tirar con arco, no sería solo un juego. Sería muy importante ganar, ser los mejores, para luego poder defender al resto de la tribu de un tigre o de cualquier otra cosa. Ganar es importante, y no es malo. ¡Yo quiero que ganemos!

–Ya, pero es que dar patadas a una pelota no sirve para matar a ningún tigre –dijo Hugo.

–¿Y qué? –dijo Daniel–. Sirve para hacer algo muy bien. ¿Y cómo sabes que haces algo muy bien? Pues porque lo haces mejor que otros.

La madre de Gonzalo ya estaba allí.

–¡Venga, Gonzalo, vámonos!

–¡Hasta el lunes! –dijo Gonzalo, y se alejó hacia su padre.

–Oye, Daniel, no quería decir nada malo de tu amigo... –dijo Hugo.

Daniel, casi sin pensarlo, contestó:

–¿Puedes venir a mi casa? Te lo presentaré. Bueno, si está. No es cien por cien seguro.

–Hoy no puedo –dijo Hugo–. Pero mañana sí podría.

–¡Bien! –dijo Daniel.

Cuando salieron del gimnasio-cancha de fútbol, estaba lloviendo. Daniel se preguntó qué haría Maxama los días de lluvia. Muchas personas estarían en sus casas viendo las películas que le habrían comprado a Maxama. ¿Vería él también películas? ¿Tendría una casa? ¿Quién lo perseguiría?

8 *En busca de Maxama*

EL domingo, poco después de las cinco, llegó Hugo a casa de Daniel. Mariú abrió la puerta y le dijo muy seria:

–Hola, Hugo. Ahora tengo que irme a casa de mi amiga Jimena, pero el próximo día que vayas a venir, avísame, porque no solo tienes que venir a ver a mi hermano. Yo también quiero verte.

Hugo dijo que sí, que la avisaría. Daniel no dijo nada, pero se quedó pensando en cómo se las arreglaba su hermana para parecer algunas veces una chica de por lo menos doce años.

Cuando entraron en el cuarto de Daniel, Hugo cogió un balón y empezó a pasárselo de un pie a otro mientras decía:

–¿Sabes que el otro día me impresionó lo de la tribu y los tigres?

–¿Por qué? –preguntó Daniel, que había cogido otro balón y lo tiraba flojo contra la pared y volvía a darle de rebote.

–Es que mis padres siempre me dicen que no me preocupe tanto por ganar, que hay otras cosas importantes.

–Lo de participar y todo eso –dijo Daniel.

–Sí, que no hay que ponerse de mal humor cuando se pierde, que solo es un juego. Pero en realidad, todo el mundo quiere ganar. No solo yo.

–Ya lo sé, Hugo. Lo que pasa es que tú juegas muy bien, y entonces te da más rabia perder. Pero piensa que el que juega peor intenta ganar tanto como tú. Bueno, casi siempre. A veces somos más vagos; otras veces, es que no nos sale.

–Sí –dijo Hugo–. Y a veces hasta sale todo muy bien y se pierde, porque los otros tienen más suerte. Es difícil, ¿no? Distinguir la suerte de jugar bien o de ser vago, o chupón, o de intentarlo y que no salga. Todo eso.

–A lo mejor mi amigo sabe alguna forma para aprender a distinguirlo –dijo Daniel–. Oye, tienes que prometerme que no vas a decírselo a nadie.

–¿Lo de tu amigo? Te lo prometo –dijo Hugo–. ¿Existe de verdad?

–Claro que existe. Es un pirata –dijo Daniel.

–¡Venga ya! Creía que hablabas en serio.

–Muy en serio. Es un pirata porque vende películas pirateadas.

–¡Ah, vale! ¿Te has hecho amigo de uno de esos del *top manta*? ¿Y tus padres te dejan?

Daniel sujetó el balón con el pie.

–Bueno, no es que seamos amigos: hablamos. Me enseña cosas para jugar mejor al fútbol. Yo creo que es una buena persona. Pero sé que tengo que hablar con mis padres; a lo mejor no les parece bien.

–¿No se lo has preguntado?

–Se lo pregunté, pero en general, y no me aclararon mucho. Supongo que tampoco quiero que me digan que no debo ver a Maxama.

–¡Jo, qué nombre, suena bien!

–Suele ponerse en una esquina que se ve desde el balcón. Pero hoy no está. ¿Quieres que vayamos a buscarlo?

–¡Sí, vamos!

Pidieron permiso para bajar un rato sin decir qué iban a hacer. La calle estaba más tranquila que otras veces. Se notaba que era domingo.

Pasaron la segunda esquina y la tercera, sin ver a nadie. Se miraron dubitativos. No tenían pensado alejarse más, sobre todo si no era para ir a ningún sitio. Sin embargo, rendirse tan pronto tampoco les hacía ninguna gracia. Un hombre muy viejo pasó a su lado. Iba hablando solo, parecía un mendigo. De repente, unos metros más

ZAPATOS
P
1

adelante, gritó: «¡A ver si te enteras! ¡Eh! ¡Eh!». Se sobresaltaron, pero el hombre bajó de nuevo la voz y siguió con su cantilena, tan tranquilo. Luego vieron a un padre paseando a un niño en un carrito y a otro que iba subido en la parte de atrás. También pasó una chica bailando con los auriculares puestos. Y una señora con un perro. Casi a la vez, dijeron:

–Una esquina más.

En la siguiente calle había mucho trajín, ya no parecía domingo. Era una calle ancha, situada frente a un gran centro comercial abierto. Decenas de personas entraban y salían; en la acera había puestos donde vendían bolsos, flores, chucherías, gafas de sol...

–No hay pelis –dijo Hugo.

–No –dijo Daniel–. Vamos a volver por la calle paralela; creo que Maxama prefiere sitios más tranquilos.

En esa calle había un pirata, pero no era Maxama. Era un tipo bastante más alto, y hablaba con otro.

–¿Les preguntamos? –dijo Hugo.

Daniel estaba dudando cuando vio que los dos piratas empezaban a pelearse. El más alto empujó al otro con violencia, y el otro le gritó con mucha rabia en un idioma extranjero y sacó

una navaja; de repente, los dos piratas los miraron a ellos. Hugo y Daniel, sin pensarlo, echaron a correr.

No pararon hasta llegar a una cafetería grande y meterse dentro. A través del cristal, comprobaron que no los seguía nadie.

–¡Uf! –dijo Hugo.

–Maxama me habló una vez de tramposos que querían matarlo. Bueno, no lo dijo así exactamente, pero más o menos.

–Tienes que hablar con tus padres.

–Sí –dijo Daniel.

Más calmados, aunque mirando todavía hacia atrás de vez en cuando, salieron de la cafetería y se dirigieron a la calle de Daniel. Cuando estaban llegando, vieron a Maxama. Llevaba la camiseta de rayas rojas, naranjas y negras, y parecía contento.

–Ahí está –dijo Daniel.

–Está sonriendo –dijo Hugo–. Si alguien lo persigue, no deben de ser los dos que hemos visto.

–¡Hola, Maxama! –dijo Daniel–. Te presento a Hugo; es de mi equipo, es buenísimo.

–Hola –dijo Maxama–. ¿Qué tal vuestro partido?

–No muy bien –dijo Daniel–. Habíamos remontado, pero al final empatamos.

–¿Vosotros jugáis a dos toques o a tres? –preguntó Maxama.

–A dos –dijo Hugo–. Control, pase, control, pase. Y muchas veces, solo a uno, como cuando pasamos directamente el balón al otro equipo.

–Yo jugaba a tres –dijo Maxama.

–¿Qué es a tres? –preguntó Daniel.

–Control, acomodar el cuerpo, y pase. No todos los jugadores tienen que hacerlo, pero cuando se hace, es bonito. También se baila así.

Muchas personas creen que bailar es mover el cuerpo como si estuvieran flotando, y los cuerpos no flotan, se agarran al suelo.

–Maxama –dijo Daniel–, ¿se puede aprender a saber perder y a saber ganar?

–Saber ganar parece fácil, pero es difícil. Es bueno acordarse de que quieres ganar porque quieres ser mejor.

–Y eso, ¿qué quiere decir? –preguntó Hugo.

–Que si solo juegas para ganar, no jugarás para ser mejor, y entonces tal vez tampoco ganes.

–¿Y cómo se aprende a saber perder? –preguntó Daniel.

–Si nunca pierdes, nunca podrás jugar mejor –dijo Maxama– porque no podrás corregir tus errores.

–Y ¿cómo haces cuando los errores no son tuyos, sino de otro de tu equipo? –preguntó Hugo.

–En mi país decimos: «Yo soy porque nosotros somos». Eres tu equipo, en los errores y en los aciertos.

–Pero en el fútbol de verdad –dijo Hugo–, a los jugadores los compran solos.

–A mí no me gusta que se compre y se venda a los jugadores, ni a ninguna persona. Que una cosa se haga no quiere decir que esté bien –dijo Maxama.

–¿Y lo que tú haces, Maxama –preguntó Daniel–, está bien?

–¿Vosotros qué pensáis? –dijo Maxama.

–Mi padre dice que lo malo son las mafias –dijo Hugo.

–¿Qué es una mafia? –preguntó Daniel.

–Como en las películas –dijo Hugo–. Grupos de gánsteres, pistoleros y cosas así, que se organizan y te obligan a hacer lo que ellos quieren porque si no lo haces te matan o te rompen las piernas.

–¿Te persiguen ellos, Maxama? –preguntó Daniel.

Maxama dijo:

–Es una larga historia –dijo Maxama.

–¡Cuéntanosla! –pidieron Hugo y Daniel a la vez.

–Ahora no puedo –dijo Maxama–. Son más de las seis y tengo que cambiar de barrio. Otro día.

Maxama empezó a recoger las películas y los cedés de música. Lo hizo muy rápido. Después metió el hatillo dentro de la mochila.

–¡Adiós, chicos! –dijo, y añadió mirando a Daniel–: Recordad, tres toques. Practica contra la pared. Tiras fuerte, la pared te devuelve el balón; entonces: uno, controlas; dos, acomodas el cuerpo, y tres, vuelves a tirar apuntando a donde quieras que vaya.

Maxama se alejó calle abajo, y Daniel y Hugo se fueron en dirección contraria.

–Me ha caído muy bien –dijo Hugo.

–Sí –dijo Daniel–. A mí también me cae muy bien.

9 *Los libros son un lío*

POR la tarde, cuando Hugo se fue, Daniel había decidido hablar con sus padres de los piratas del *top manta*. Pero justo en ese momento llegó una chica para cuidarlos, porque sus padres iban a salir. La chica se puso a jugar con Mariú. Daniel se metió en su cuarto. Tenía que hacer una redacción para Lengua y pensó que podía hacerla sobre los piratas; así se aclararía las ideas. La tituló *Los libros son un lío*. Y escribió:

«Me gusta bastante leer, pero creo que los libros son un lío. Yo tengo muchos libros de piratas, y mi hermana pequeña, todavía más. También tengo varios libros sobre Robin Hood. A todo el mundo le gusta Robin Hood y le gustan los piratas. Sin embargo, debajo de mi casa hay un pirata de verdad, y resulta que a mucha gente le parece mal lo que hace. A mí me parece que hace lo mismo que Robin Hood. Roba a los ricos y se lo da a los pobres. Ayuda a que el dinero se reparta mejor. Él roba un poco del dinero que habría que darles a unos cantantes que ya tienen mucho dinero y se lo da a un pobre, porque él mismo es pobre. Robin Hood no era pobre, por eso podía dar lo que robaba a muchas personas, y también porque Robin Hood robaba mucho más. Yo creo que es un poco raro que haya tantos libros sobre piratas y ladrones buenos, y que luego nadie quiera que otras personas hagan lo mismo. A mí, por ejemplo, me gustaría que nuestro equipo de fútbol tuviera un himno con una letra como la del Liverpool. Pero si supiera que esa letra es mentira y que solo se dice por decir, entonces no la querría. Yo creo que cuando los del Liverpool cantan *You'll never walk alone*, le dicen de verdad a su equipo que jamás caminará solo. Que siempre van a apoyarlo si el equipo lucha, si no se rinde, si es capaz de caminar a través del viento y de la lluvia, aunque luego a veces los partidos no le salgan bien. Se lo dicen porque es verdad que lo harán, y si fuera mentira, el himno no me gustaría nada.»

Al día siguiente, Daniel llevó su redacción al colegio. Y el martes lo eligieron para leerla en voz alta.

–¿Qué pensáis de lo que ha escrito Daniel? –dijo Marisa, la profesora de Lengua, cuando él terminó.

Enseguida, Alicia levantó la mano. Alicia quería ser cantante y dijo que no le parecía nada bien lo que hacían los piratas.

–Los piratas de los barcos se arriesgan, viven aventuras. Pero los del *top manta* solo tienen que apretar una tecla y copiar los discos. Es una manera de robar sin que te pillen, pero es igual de malo que entrar en una tienda y robar cualquier otra cosa.

–No estoy de acuerdo –dijo Daniel–. He estado leyendo cosas, y muchas personas piensan que si los discos no fueran tan caros, a los piratas no les merecería la pena copiarlos porque casi nadie se los compraría a ellos.

Marisa estaba de pie delante de su mesa, andando de un lado para otro. Llevaba unos pendientes muy bonitos que parecían un poco de pirata. Tenía el pelo corto, de color rojo, y ojos de águila o de catalejo que siempre se daban cuenta de todo. Era la única persona a quien Daniel conocía que llevara un abrigo de color morado y, además, le quedaba muy bien.

–¿Por qué os gustan los piratas? –preguntó recorriendo la clase con la mirada.

–Porque viven aventuras –dijo Miguel Ángel, el de las zapatillas azul brillante.

–Porque lo reparten todo entre ellos –dijo Sergio.

–Porque luchan para conseguir lo que quieren –dijo Manuel.

–A mí me gustó el final de *La isla de las cabezas cortadas* –dijo Inés, una niña morena que no jugaba al fútbol–. Los piratas habían ganado mucho dinero, pero en vez de vender el tesoro y marcharse cada uno a su casa, deciden seguir navegando y seguir buscando tesoros. O sea, no roban para ganar dinero, sino para ser libres, viajar y vivir a su aire. Por eso, cuando ya tienen el dinero, prefieren seguir navegando y buscando tesoros. Eso me gusta.

–¿Y si vais en uno de los barcos que los piratas asaltaban, y os atacan y os cortan la cabeza? –preguntó Alberto mirando a Inés con sus ojos enormes.

–Ya –dijo Inés–. Pero ¿por qué llevamos tesoros? Nadie tendría que tener tesoros; todo el mundo tendría que tener más o menos el mismo dinero.

Algunos niños y niñas que estaban queriendo hablar desde hacía rato, no pudieron contenerse y tomaron la palabra mientras mantenían la mano levantada. Se armó bastante revuelo:

–¡De uno en uno! –dijo Marisa–. ¡O, si no, sacamos la tortilla y se acabó la conversación!

Marisa llamaba «sacar la tortilla» a ponerse a trabajar. Y como todos preferían estar charlando, se callaron bastante pronto.

–Me parece a mí –dijo Marisa– que estamos hablando de dos cosas. De los libros y de la justicia. Vamos a hablar primero de los libros. La mayoría cuentan historias exageradas: los niños y las niñas son muy, muy valientes; los submarinos tienen dentro un sala con un órgano y un montón de pasillos y una biblioteca; los piratas tienen muchísima pinta de piratas y entierran tesoros maravillosos; los caballos corren como el viento; Robin Hood tiene buenísima puntería, y todo es, en general, un poco más grande, más misterioso y más emocionante que en nuestra vida de cada día. Incluso en los libros más realistas, donde no hay dragones ni viajes al futuro, siempre suelen pasar cosas más raras o divertidas o especiales que las que nos pasan normalmente. Pero hay que aprender a distinguir entre los libros y la vida. Ya sabéis lo que le pasó a don Quijote.

–Pero si resulta que leemos un montón de libros, y todo lo que cuentan no sirve para nada, pues entonces no sé para qué los leemos –dijo Daniel.

–Ya –dijo Alicia peinando con los dedos su cola de caballo–. Lo que pasa es que podemos leer un montón de libros, y en cambio solo somos una persona. Imagínate que te pasaran a ti todas las cosas que en los libros les pasan como a mil personas. Es megaimposible.

Belén, una chica rubia y muy flaquita que casi nunca hablaba, levantó la mano. Marisa no la había visto, pero Gonzalo sí, y cuando Marisa iba a darle la palabra a otro niño, se lo dijo:

–Belén quiere hablar.

–Dinos, Belén –dijo Marisa.

–Creo que a lo mejor don Quijote no tuvo la culpa –hablaba en voz muy baja–. A lo mejor el problema fue que solo lo acompañó Sancho Panza. Si lo hubieran acompañado más personas, a lo mejor no se habría vuelto loco.

–Habla un poco más alto, Belén –dijo Marisa.

Entonces Belén, que era la niña más tímida de todo el colegio, se puso de pie.

–Yo también he pensado muchas veces lo que ha dicho Daniel –dijo–. Muchas veces leo libros y me gustaría que me pasaran las cosas que pasan en ellos. Pero no intento que me pasen. No hago nada especial. Podría hacerlo, ¿no?

–Pues a mi hermano –dijo Miguel Ángel– le dio por que quería volar como Peter Pan y casi se nos tira por la ventana. Se habría espachurrado, claro.

–Pero tu hermano es pequeño –dijo Belén.

–¡Exactamente! –dijo Daniel–. Mis padres me dijeron que a partir de los siete años, ya se tiene uso de razón. Ni Belén ni yo decimos que haya que copiar todo lo que viene en los libros. Solo algunas cosas.

–Bueno, chicos, se nos está terminando la clase y también quiero que hablemos de lo que está bien y lo que está mal, lo justo y lo injusto –dijo Marisa–. Otro día seguimos con esto de los libros. Dime, Daniel: ¿a ti te parece justo que los vendedores de *top manta* no paguen nada a los cantantes por sus canciones?

–Si los cantantes tienen mucho dinero y los vendedores no tienen nada, sí me lo parece.

–Que levanten la mano los que están de acuerdo con Daniel.

Levantaron la mano once.

–¿Y los que no?

Levantaron la mano seis.

–¿Y los que no lo tienen claro?

Levantaron la mano cinco.

–Robar está mal –dijo Marisa–, pero también está mal que haya personas que no tienen un sitio donde vivir, ni dinero para comer. A estas situaciones, cuando eres tan pobre que no tienes techo ni comida, y otras parecidas, las leyes lo llaman «estado de necesidad». Muchos vendedores de *top manta* se encuentran en ese estado, y entonces, como el daño que hacen vendiendo cedés es más pequeño que el mal que intentan evitar, la propia ley dice que no son culpables.

–Pero si cada vez hay más piratas, serán los cantantes los que se mueran de hambre –dijo Alicia.

–Los cantantes que están en el *top manta* son supermegarricos; por mucho que les roben con unos discos, siempre tendrán casa y comida y dinero –dijo Hugo–. Lo malo son las mafias. Porque los piratas de la calle luego les dan casi todo el dinero que sacan a unas mafias que no son pobres como ellos.

–Hugo se refiere –dijo Marisa– a que hay organizaciones que utilizan a los emigrantes para que vendan en la calle, y si no les dan parte del dinero que sacan, los amenazan. En el caso de las mafias, está claro que lo que hacen está mal.

–¿Son peligrosas? –preguntó Daniel.

–Pueden serlo –dijo Marisa–. Volvamos al tema de los libros. Las historias de ficción son historias que alguien se imagina y muchas veces tratan de cómo nos gustaría que fuera la vida. Porque si solo trataran de cómo es, seguramente no leeríamos tantos libros. Así que es verdad lo que dicen Daniel y Belén: hay algo que está bien en intentar hacer las cosas que salen en los libros. Pero no intentéis hacerlas al pie de la letra porque ni podéis volar como Peter Pan, ni los piratas son siempre simpáticos, generosos y valientes.

Marisa se dirigió hacia su mesa. Antes de llegar, se dio la vuelta, los miró a todos con sus ojos de catalejo y dijo:

–Nunca había oído hablar del himno del Liverpool. Parece bastante bonito, ¿no?

Se oyeron risas en la clase porque era muy difícil conseguir que a Marisa le gustara algo que tuviera que ver con el fútbol. Ella también sonrió.

Sonó el timbre y empezaron a salir para ir al recreo. A Daniel le parecía que algunos bajaban las escaleras más despacio que de costumbre. Seguramente, pensaba, había quien, como él, habría querido seguir hablando. Y quien recordaba trozos de la letra del himno: «Aunque tus sueños se vean sacudidos y golpeados, sigue caminando, sigue caminando, con esperanza en el corazón».

Luego, en las escaleras y en el patio, se dispersaron en distintos grupos y la conversación que habían tenido en clase quedó en el aire, como esas motas de polvo que solo se ven cuando hay un rayo que las ilumina directamente, y si no, aunque siguen estando allí, nadie se da cuenta. Eso pensaba Daniel, quieto sobre un bordillo mientras jugaba a torito alto, y a ratos se acordaba de Maxama y de la historia que no había podido contarles.

10 *El terreno de juego*

DANIEL estuvo toda la semana practicando los tres toques contra la pared del pasillo, la de su calle, la del portal. A veces los practicaba incluso sin pelota; cuando esperaba el ascensor, buscaba una pared, se imaginaba que tiraba la pelota y que después del rebote debía golpearla, controlando, acomodando y volviendo a disparar. Tan concentrado estaba cuando lo hacía, que una vez pegó una buena patada en la espinilla al vecino del cuarto, que esperaba con él el ascensor. Mariú se dio cuenta antes que nadie:

–¡Cuidado, Daniel!

Pero ya era tarde: la pierna de Daniel había salido disparada en busca del balón imaginario que acababa de rebotar contra la pared justo cuando al vecino del sexto se le ocurrió dar un paso hacia delante. El choque fue tremendo. Menos mal que el vecino era un chico como de diecinueve años y se lo tomó con buen humor.

–¡Perdona, perdona, perdona! –dijo Daniel.

–¿Qué, soñando que estás en el área de penalti?

–Bueno… –dijo Daniel.

–Es que solo piensa en el fútbol –dijo Mariú.

–¿Te he hecho daño? –preguntó Daniel.

–No te preocupes –dijo el vecino–. Pero la próxima vez mira antes de chutar, ¿eh?

El ascensor llegó. Daniel abrió la puerta para que pasaran el vecino y Mariú primero. Su hermana dijo:

–Daniel, no te olvides el balón imaginario, que si no, alguien se puede tropezar.

Daniel miró al vecino con cara de resignación y los tres se echaron a reír.

Cada tarde, Daniel salía a buscar a Maxama, pero no pudo encontrarlo hasta el viernes, el día antes del partido. Esta vez no parecía contento, sino bastante preocupado.

–¿Dónde has estado? –preguntó Daniel–. Llevas muchos días sin venir.

Maxama miró a Daniel pensativo y no contestó. Luego dijo:

–¿Qué tal tu entrenamiento?

–Hago lo que puedo –dijo Daniel–. Oye, Maxama, ¿me puedes contar hoy la historia de los que te persiguen?

–¿De verdad quieres que te la cuente?

–¡Sí, claro que quiero!

–Yo vine a tu país porque en el mío no tenía nada. No tenía trabajo, no podía estudiar. Mi padre tampoco tenía trabajo y bebía alcohol todo el tiempo. Un día se fue. Después, mi madre, mis dos hermanas pequeñas y yo nos pusimos enfermos por algo que había en el agua. Mi madre y mis hermanas murieron. Yo no tenía dinero para pagar mi viaje, así que prometí a unos hombres trabajar para ellos cuando llegase a España, y con lo que sacara les devolvería el dinero que había costado mi viaje. Eso es lo que he hecho. Muy pronto terminaré de pagar todo lo que les debo. Pero ayer vinieron a verme.

–¿Los que te persiguen?

–Sí –dijo Maxama–. Dicen que tengo que seguir trabajando, dicen que también les debo dinero por usar las calles. Yo quiero irme a París. Allí está mi primo. Él se fue hace siete años. Barría las calles y estudiaba en la escuela nocturna. Ahora tiene un oficio. Algo de electricidad. Dice que yo puedo hacer lo mismo que hizo él.

–¿Por qué no te quedas aquí? ¿No puedes estudiar aquí?

–Si me quedo, tendré que trabajar siempre para los que me persiguen.

–¿Cuándo te irás?

–Cuando tenga el dinero para pagar lo que me falta y el billete de autobús para mi viaje. Será dentro de poco.

–Ya no podrás enseñarme.

–Te escribiré una postal cuando llegue a París. Tú puedes contestarme.

–Sí, lo haré. Oye, Maxama, si necesitas ayuda, yo tengo una hucha con algunos euros.

–No, Daniel. Prefiero pagarles yo lo que les debo. Tengo mi honor. Pero muchas gracias.

–¿Qué es honor? –preguntó Daniel.

–Hacer lo que sabes que debes hacer.

–¿Y cómo lo sabes?

–Es como no hacer trampa –dijo Maxama–. Como cuando te caíste; iban a pitar falta, y tú dijiste que no era falta, que eras tú quien se había tropezado.

–Pero a ti te persiguen. Lo tuyo no es un juego.

–No voy a pagarles todo el dinero que me piden ahora. Solo voy a pagarles lo que yo prometí pagar. Pero voy a hacerlo yo. Quiero que mi primo confíe en mí. Cuando tienes honor, las personas que te importan confían en ti.

Llegó una chica con el pelo rojo, cogió dos películas y le dio a Maxama un billete de cinco euros.

–Son seis euros –dijo Maxama.

–¡Si me llevo dos! –dijo la chica.

–No hago rebajas –dijo Maxama.

–Pues entonces las dejo.

–Déjalas –dijo Maxama.

–Espera –dijo la chica–. Voy a ver si tengo un euro.

Miró en sus bolsillos y sacó un montoncito de monedas. Las fue contando.

–Sí tengo. Toma. Seis –la chica le dio el dinero y se fue con las películas.

–Casi siempre los convences –dijo Daniel.

–Es que tú lo has dicho, Daniel: yo no estoy jugando, yo no regateo –contestó Maxama–. A veces se marchan y me dejan las películas. Prefiero que hagan eso a que bajen el precio. ¿Estás preparado para tu partido de mañana, Daniel?

–Bueno, lo intento. Creo que ya controlo un poco mejor el balón, pero hay muchas cosas que siguen saliéndome mal. El otro día entregué un buen balón al equipo contrario y casi meten gol por mi culpa.

–Un equipo son todos los jugadores –dijo Maxama–. Se lo dije también a tu amigo: «Yo soy porque nosotros somos», en los errores y en los aciertos.

–Lo que pasa es que muchas veces tengo más errores que aciertos. Y yo ya sé que lo importante no es participar, Maxama; lo importante es ganar. Para eso se juega.

–Se juega para ganar, son las reglas. Pero ¿sabes qué es lo importante?

Daniel esperó impaciente.

–Lo importante –dijo Maxama muy despacio– es el terreno de juego.

–¡Qué dices! ¿El campo?

–No, Daniel –sonrió Maxama–. Otros lo llaman el espíritu del juego. Yo no creo en espíritus. Yo lo llamo el terreno de juego. Cuando se juega, es como cruzar una puerta invisible: no hace falta estadio, no hace falta portería, bastan dos piedras o una raya en la arena. O menos todavía.

Y lo importante es que ahí, dentro del terreno de juego, las cosas más duras de la vida no cuentan, no pueden pasar.

–¿Y si estás en el banquillo?

–El banquillo también está detrás de esa puerta.

11 *Los amigos*

POR la noche, después de cenar, Daniel y Mariú se pusieron a lanzar aviones de papel desde el sofá del salón. Los lanzaban a objetivos concretos y ganaba el que hubiera logrado dar con el avión en una silla o en la ventana o donde hubieran dicho.

A los pocos minutos, llegó su padre y estuvo mirando la competición. Luego llegó su madre.

–Mariú –dijo Daniel–, vamos a hacer un descanso. Necesito preguntar una cosa a papá y a mamá.

–¿Qué cosa? –dijo Mariú–. Yo también quiero oírlo.

–Vale –dijo Daniel–. Es sobre los amigos. ¿Cómo puedes saber que alguien es tu amigo?

–¡Pues yo lo sé! –dijo Mariú–. Porque los ayudas, y te ayudan.

–Sí –dijo su padre–. Es una buena definición. Normalmente, un amigo te ayuda sin pedir nada a cambio.

–¿Nada? ¿Ni una mandarina? –preguntó Daniel.

En cuanto lo dijo, notó sobre sí la mirada intrigada de su madre, y la mirada de «mmmm, ¿conque era eso?» de Mariú.

Su padre también debió de notar algo, porque dijo:

–Me parece que estamos ante el caso de las dos mandarinas desaparecidas...

–¡No desaparecieron! –dijo Mariú–. ¡Es un secreto! ¡Yo lo sé, pero no os lo puedo decir!

Daniel suspiró; de todas formas, tenía que contárselo a sus padres, así que mejor hacerlo ahora.

–Cuéntaselo, Mariú.

–Daniel tiene un amigo que come mandarinas, pero no es un dinosaurio. Es una persona, pero no es alguien de su colegio. Es bueno, pero lo persiguen y los que lo persiguen no son buenos, así que es peligroso, bueno, no muy peligroso, solo un poco, y además, como yo sé judo, pues a lo mejor un día Daniel me deja verlo.

–¡Eh! Eso último te lo has inventado –dijo Daniel.

–¿Solo lo último? –preguntó su padre.

–Sí, solo eso –dijo Mariú–. Aunque no es mentira del todo, porque me dijiste que si necesitabais ayuda me ibas a llamar.

–A ver, Daniel, ¿quién es esa persona? –preguntó su madre.

–Es un pirata –dijo Daniel.

–¡UN PIRATA! –exclamó Mariú.

–Pero ¿dónde lo has conocido? –dijo su padre muy serio.

–Pues aquí abajo. Vosotros también lo conocéis. Es el que vende las pelis.

–¿El que te pidió un euro? –dijo su madre.

–Sí. Al día siguiente me lo devolvió, como tú habías dicho.

–¿Y por qué dices que sois amigos? –preguntó su padre.

–Yo creo que él es mi amigo porque me ayuda a jugar bien al fútbol, y lo único que me ha pedido es una naranja –Daniel miró a Mariú, que ya iba a hablar–. Ese día no había naranjas en casa, por eso le di dos mandarinas. Pero no me la pidió a cambio de haberme ayudado. Y luego no me ha pedido más cosas y me ha seguido ayudando.

–¿Cómo te ayuda? ¿Juega con vosotros en el parque? –preguntó su madre.

–No, no puede; siempre está trabajando y además tiene una pierna mal. Pero sabe muchas cosas, y me las enseña.

–¿Qué cosas te enseña? –dijeron sus padres y Mariú a la vez.

–Pues... los tres toques, por ejemplo. O a tener dedos en los pies.

–¿A tener dedos en los pies? –dijo Mariú–. Yo también tengo y no me ha enseñado un pirata.

–Ya sé que suena raro, pero es muy sencillo –dijo Daniel–. Maxama me enseñó un ejercicio para hacer con los dedos de los pies. Ahora, aunque sigo corriendo poco, noto mejor mis pies, voy más seguro y recibo mejor el balón.

–¿Y qué es lo que te preocupa, Daniel? –preguntó su padre.

–Pues que Maxama es mi amigo, pero yo no sé si soy su amigo. Porque yo no le enseño nada. Y además, tampoco sé si me dejaréis tener un amigo pirata.

–Vamos a ver, Daniel –dijo su madre–. Por lo que nos cuentas, Maxama es una buena persona. Pero has hecho bien en decirnos que lo conoces. Porque cuando alguien tiene que vender películas en la calle, es posible que tenga problemas y tú todavía vas al colegio, no eres un adulto aunque ya tengas uso de razón.

–Sí que tiene problemas. Las mafias. Tiene que darles dinero. Pero yo le ofrecí de mi hucha y no lo quiso, dijo que tenía que pagarlo él por su honor.

–¿Las mafias son los malos? –preguntó Mariú.

–Más o menos –dijo Daniel.

–No te preocupes. Al final siempre ganan los buenos; me lo ha dicho la abuela –dijo Mariú.

–Ya lo sé –sonrió Daniel–. Y si no ganan, es que hay segunda parte.

Mariú bostezó.

–Bueno, a la cama –dijo la madre de Daniel.

El padre miró el reloj.

–Sí, venga, que es tardísimo.

Daniel fue a lavarse los dientes mientras sus padres le contaban un cuento a Mariú. Se había acostumbrado a darse paseos con el cepillo en la boca y así lo hizo. Llegó hasta la ventana del balcón, miró la luna arriba y, abajo, la calle sin Maxama. Volvió al cuarto de baño, se enjuagó y regresó al sofá.

Le dolía un poco la cabeza. Se tocó la frente con aprensión: lo último que quería era ponerse malo y no poder jugar el partido del día siguiente. No le pareció que su frente estuviera caliente. Seguramente, la cabeza le dolía porque tenía demasiadas preguntas sin contestar. Sobre ganar y perder, sobre los amigos, sobre el peligro, sobre lo que estaba bien y lo que no lo estaba. De repente, le pareció que entendía mejor lo que le había contado Maxama del terreno de juego. Si ahora pudiera entrar en el campo, si pudiera cruzar la puerta invisible, también podría dejar de hacerse tantas preguntas. En el campo, uno sabía lo que debía hacer. Bueno, sí, a veces podía dudar si era el momento de tirar a puerta o si debía acercarse un poco más. Pero sabía cuál era su equipo, dónde estaba la portería, cuáles eran las reglas y qué podía pasar si hacía una falta a un jugador o si tocaba la pelota con la mano. En el terreno de juego tenías que preocuparte por algunas cosas, pero había muchísimas otras cosas que se quedaban fuera del campo, y por eso jugar era divertido, pensó, y por eso nunca le dolía la cabeza mientras jugaba, ni siquiera cuando fallaba un disparo y entregaba el balón al otro equipo sin querer.

Sus padres entraron en el salón.

–Daniel –dijo su madre–. Debes tener cuidado. Las mafias son peligrosas. Y Maxama puede serlo, aunque él no tenga la culpa. Los que persiguen a Maxama, si él no les da lo que le piden, pueden perseguirte a ti.

–Me ha dicho que ya casi ha terminado de pagar lo que les debe. Cuando termine del todo, se irá a París para que no le sigan persiguiendo. Además, allí vive un primo suyo.

–Pero ¿entiendes lo que te hemos dicho? –preguntó su padre–. Aunque no te vamos a prohibir que hables con él, tienes que avisarnos para que te acompañemos.

–Sí, lo entiendo –dijo Daniel–. Lo que no entiendo es por qué en el país de Maxama no hay trabajo. ¿Por qué él tiene que marcharse de su país sin dinero, sin casa, sin comida, y en cambio nosotros no hemos tenido que hacer nada de eso?

–¿Por qué casi todos los años la liga la ganan los equipos más grandes: el Real Madrid o el Barça? –preguntó su padre.

–Lo sé, papá, me lo has contado muchas veces: porque tienen más dinero –dijo Daniel–. Pero lo que no sé es por qué tienen más dinero. Y ahora que lo pienso: entonces, ¿lo del terreno de juego no es verdad?

–¿Qué es lo del terreno de juego?

–Maxama dice que lo más importante del fútbol no es ganar ni participar, sino el terreno de juego. Dice que dentro del terreno de juego solo hay que preocuparse por jugar, y que otras muchas cosas más complicadas de la vida se pueden dejar fuera.

–Es verdad –dijo su padre.

–Pero –dijo Daniel–, por ejemplo, el dinero no se queda fuera. Porque un equipo pobre sigue siendo pobre cuando juega, y tiene menos cambios y peores jugadores porque no tiene dinero para comprar a los mejores.

–Sí, tienes razón –contestó su padre–. Sin embargo, creo que Maxama se refiere a que, a pesar de todo, a veces un equipo pobre gana a uno rico, mientras que en la vida normal es muchísimo más difícil que los pobres ganen a los ricos. Y si las cosas funcionaran bien de verdad, entonces el dinero de los clubes no tendría que ser tan importante, y el juego sería más igualado y más bonito.

–Pero sigo sin saber por qué unos equipos y unas personas tienen muchísimo más dinero que otros –dijo Daniel.

–Son las reglas de algo que no es un juego, sino un sistema de organizar la vida –dijo su madre–. Un sistema que a muchas personas les parece injusto.

–Algunas de esas personas, como no están de acuerdo con esas reglas, intentan cambiarlas –dijo su padre–. Pero eso ya es otra historia.

Daniel se tumbó en el sofá y apoyó la cabeza en las piernas de su madre.

–¿Puedo quedarme a dormir aquí?

Su madre le acarició el pelo y luego le hizo cosquillas logrando que se levantara:

–Venga, a la cama, que mañana tienes partido.

Muy despacio, arrastrando los pies, Daniel se dirigió a su cuarto. Muchas veces, al acostarse, pensaba en algo en lo que le apeteciera soñar, a ver si lo conseguía. Pero esta vez solo le dio tiempo a imaginar que abría una puerta invisible y salía directamente al campo de fútbol.

12 *El primer tiempo*

EL partido era a las once. Daniel se fue a las diez, andando; le gustaba llegar media hora antes para calentar. Sus padres y Mariú iban a ir a verlo porque si ganaban ese partido jugarían la final, y si lo perdían, ya no habría otros partidos ese año. Además, el Eliseo Reclús era el mejor equipo de toda la competición, así que aquel era el partido más difícil.

Hacía bastante buen tiempo, aunque tampoco demasiado calor. Mejor, esta vez jugaban fuera de casa en un campo al aire libre. Al mirar al cielo, se acordó de un libro que había leído en clase hacía poco sobre los indios pieles rojas: si veían buitres volando en el horizonte, era un presagio de mala suerte; en cambio, el vuelo de un águila era señal de buena suerte. Ni buitres ni águilas, solo la raya blanca que había dejado un avión al pasar. Daniel no era supersticioso. El año anterior sí lo había sido. Pero acabó comprobando que algunos martes y trece, las cosas le habían salido muy bien. Además, muchas veces él mismo se inventaba las señales de mala y buena suerte y luego las cambiaba. «Si veo un coche negro», se decía, «es que vamos a perder». Pero luego, cuando lo veía, decidía que tenía que ver tres. Y si los veía y luego ganaban, decidía que es que habría tenido que ver cinco. También en el colegio habían estudiado las leyes de causa y efecto, y la verdad era que no había manera de encontrar una relación entre el color de los coches y los goles del partido. En cambio, cuando los pieles rojas veían buitres era porque había cerca algún animal muerto. Mientras que si veían águilas, era porque había caza, y eso explicaba que los buitres indicaran problemas, alguna enfermedad que habría matado al animal, y que las águilas indicaran que todo iba bien.

Daniel miró a su derecha para cruzar. Al ser sábado por la mañana, no había mucho tráfico ni tampoco muchos peatones por la acera. Estaba un poco nervioso por la importancia del partido. Además, igual que iban sus padres, seguro que también irían familias y amigos de muchos jugadores. Y todos gritarían, animarían, criticarían, y sería más difícil concentrarse. Bueno, menos mal que él llevaba una semana practicando para no

dejarse llevar por las cosas que llamaban su atención, como le había dicho Maxama. También David, su entrenador, les había contado hacía poco la historia de un entrenador del Madrid que había enseñado a los jugadores a no agarrarse la cabeza cuando fallaban una jugada en la portería contraria. Lo que tenían que hacer era salir corriendo inmediatamente a recuperar la posición en mitad del campo. Así evitaban quedarse ensimismados en su error y volvían a pensar en el futuro, en lo que todavía podían hacer.

Como Daniel iba ya con la equipación puesta, algunas personas lo saludaban por la calle y le deseaban suerte. Cuando ya veía a lo lejos la puerta del colegio donde jugaban, oyó la voz de Hugo:

–¡Daniel!

Estaba en la calle perpendicular, y echó a correr hacia él. Chocaron las dos palmas de las manos y se dijeron la contraseña que se habían inventado siguiendo la de una colección de libros: *Las fieras del fútbol*. El lema de los «fieras» era: «¡Todo irá bien mientras seas un fiera!». Y el suyo: «Todo irá bien... mientras juegues en el Carmen Laforet!».

Aquel era el primer partido del día. Eso también los ponía un poco nerviosos, porque a la mitad del segundo tiempo, justo cuando más cansados estaban y cuando más necesitaban concentrarse, empezaban a llegar los jugadores y los familiares de los jugadores del siguiente partido. El público se multiplicaba, y las voces y las exclamaciones. Pero, bueno, era lo que había, y ahora lo único en que tenían que pensar era en jugar.

El campo del Eliseo siempre los sobrecogía un poco. Estaba dentro de un patio enorme, con árboles, canastas de baloncesto y dos campos de fútbol bastante grandes. El recuerdo de su pequeño campo de fútbol sala les hacía sentirse como un equipo de tercera que llegase al estadio de un gran equipo de primera división.

–Venga, venga, venid aquí –era la voz de David, el entrenador. Normalmente no llegaba tan pronto, pero esta era una ocasión especial. Dejaron las mochilas en un rincón y se reunieron los seis en torno a él.

–A ver, chicos. Este es un partido nuevo. ¿Que el Eliseo Reclús no ha tenido ninguna derrota? No nos importa, esta será la primera. ¿Que en nuestro campo nos zurraron 1-4? Pues ahora las cosas van a cambiar. Vamos a olvidarnos de todo. Vamos a jugar este partido y vamos a ganarlo como tenemos que ganarlo. Jugando bien. Jugando bonito. Como sabemos: toco y me muevo, apoyo, levanto la cabeza.

Después, el míster los puso a tirar balones a la portería de uno en uno.

Los del Eliseo habían llegado más o menos a la vez y entrenaban en la otra portería. Eran diez, así que tenían muchos más cambios, mientras que ellos eran solo seis porque Miguel Ángel no había podido venir, o sea que solo tenían un cambio.

El partido empezó a las once y tres minutos. «¡Zipi, Zape, Laforet al ataque!». «¡Viva el Carmen Laforet, el que siempre juega bien!».«¡Mesa, silla, Laforet maravilla!». Daniel coreaba los estribillos junto con algunos chicos de su clase que estaban sentados en las gradas de piedra.

El Eliseo atacaba imparable. Parecía no haber manera de marcharse con el balón a la portería contraria. Tuvo una primera ocasión que Alberto salvó de milagro. Empezaron a ponerse nerviosos. No es que no hicieran los tres toques de Maxama, es que ni siquiera hacían dos; pasaban sin controlar el balón y el Eliseo acababa recuperándolo siempre. Alberto estuvo muy bien, hizo otras dos paradas bastante difíciles. Luego lanzó el balón demasiado deprisa y acabó entregándoselo al número 7 del Eliseo. El 7 se lo pasó al 2, el 2 al 5, era una jugada ensayada. El 5 tiró a gol, Hugo se puso en medio y logró que no entrara; pero era un balón imposible de controlar y Hugo solo logró alejarlo un poco; enseguida, el 7 volvió a golpear, había un gran lío de piernas y en medio de ese lío apareció muy decidido el 2, un jugador pequeño y rapidísimo, que tiró justo al ángulo donde Alberto no podía llegar: gol del Eliseo a los diez minutos de partido.

–¡Arriba ese ánimo! –gritó el míster del Laforet, y Daniel le ayudó diciendo–: «¡Con la A, vamos a ganar...!».

Sacaban ellos, y Alicia le pasó la pelota a Gonzalo; viéndose rodeado, Gonzalo se la pasó a Hugo, que corrió por la banda hacia Alicia, que también corría. Hugo le dio un pase a Alicia, Alicia a Gonzalo, que había bajado ya. Gonzalo tiró una vaselina imparable... ¡que se estrelló contra el larguero! Los del Eliseo respiraron aliviados, mientras se abalanzaban para recuperar el balón. Pero Hugo y Alicia no iban a dejarles. Alicia golpeó el balón, Hugo lo recibió controlándolo y, aunque estaba rodeado, consiguió pasárselo a Pablo el Regateador, quien tiró otra vez a la portería justo en el lado contrario a donde estaba el portero, pero… ¡el balón golpeó en el palo y salió fuera!

Un gol contra dos palo. Siguieron jugando bastante nerviosos. Nada, no había manera; tuvieron otras dos ocasiones, pero las fallaron. En cambio, el número 5 del Eliseo, cuando menos lo esperaban, metió un segundo gol en un saque de esquina. Daniel salió los últimos diez minutos de la primera parte, para sustituir a Pablo. Marcó a su jugador todo el tiempo y, aunque no pudo llegar para recuperar un balón casi de gol, sí que dio un buen pase a Alicia: ella tiró con fuerza y casi mete gol, pero el portero del Eliseo consiguió parar. Los diez minutos pasaron a toda velocidad; de repente, pitaron el final del primer tiempo.

Se juntaron todos alrededor de David.

–Tranquilos, chicos. Estáis jugando bien. Mantened el orden cuando ellos ataquen, cada uno marcando a su jugador; no puede ser que parezca que sobran jugadores del otro equipo. Son cinco, igual que vosotros. Y acordaos de que Hugo siempre os apoya: si veis que no podéis avanzar, pasádsela a él; así repartimos mejor el juego. Cuando corráis, uno que se separe, y el otro, hacia el balón.

A Daniel le impresionó la confianza de David. Iban perdiendo por dos a cero contra el mejor equipo del campeonato. Todos estaban bastante bajos de ánimo, aunque David insistía:

–Estáis luchando, estáis dando lo mejor; no tengáis miedo.

Bebieron agua. Gonzalo, Hugo y Alicia habían traído mandarinas y las compartieron con los demás. De repente, al ver las mandarinas, Daniel se acordó mucho de Maxama. Miró, casi sin darse cuenta, hacia las gradas, y pensó en cuánto le gustaría que Maxama estuviera allí.

13 *El segundo tiempo*

EL segundo tiempo empezó muy reñido. Los dos equipos habían recobrado fuerzas, y se arrebataban la pelota el uno al otro sin llegar nunca a la portería en condiciones de marcar.

Los rizos de Gonzalo se balanceaban en el aire mientras corría con el balón. Dos jugadores del Eliseo lo habían rodeado, pero Gonzalo logró pasar a Hugo, que estaba detrás, apoyando. Hugo salió disparado, hizo una pared con Alicia y siguió corriendo sin perder el balón; ya muy cerca de la portería, cuando parecía que iba a tirar y tenía a tres jugadores contrarios delante, se la entregó a Pablo el Regateador, que estaba casi en la esquina. «¡Qué bonito!», gritó el entrenador, y todavía estaba diciendo «nito» cuando: «¡Gooooool... del Laforet!», ¡2-1! Daniel levantó los brazos y empezó a dar saltos. También se volvió un momento hacia las gradas para ver si habían llegado sus padres y si lo habían visto. Sí, ahí

estaban sus padres y también Mariú, que, de pie, aplaudía muy seria, como si en vez de estar en un partido estuviera en un concierto de música clásica.

Daniel miró al míster y los dos gritaron a la vez:

–¡Empieza la remontada!

Llevaban solo cinco minutos de juego, pero el partido se estaba complicando mucho. El árbitro pitó dos faltas indirectas; luego sacó una tarjeta amarilla a un central del Eliseo que había parado la pelota con la mano descaradamente y pitó falta directa.

La tiró Hugo. Fue un chut buenísimo que sorteó la barrera y cayó a los pies de Pablo. Pero uno del Eliseo estaba cerca y, cuando Pablo iba a tirar, se interpuso; aunque no fue falta, porque solo tocó el balón con el pie, Pablo se cayó y se hizo daño. Se levantó y siguió jugando, pero a los dos minutos empezó a hacer el gesto de pedir el cambio.

–¡Prepárate, Daniel! –dijo el entrenador.

¡Toc-toc, toc-toc, toc-toc! El corazón le latía fortísimo. Fue directamente a ponerse detrás del 9, que era a quien Pablo estaba marcando. Notaba los dedos de los pies al correr, notaba el suelo y hasta, durante un segundo, le pareció notar el planeta redondo y cómo daba vueltas. Después trató de mirar el campo como le había dicho Maxama: no solo el balón, sino el campo. Vio que Hugo iba a pasarle la pelota a Alicia; también vio que el número 5 iba a ponerse delante de Alicia para intentar robársela, y además vio que el número 7 estaba en posición perfecta para recibir un pase del número 5. Entonces salió disparado, pero no hacia el balón ni hacia Alicia, sino hacia el número 7 y... ¡ahí estaba el balón!: el 5 había interceptado el pase de Hugo, después había centrado al 7; sin embargo, como surgido de la nada, sin que nadie lo esperase, apareció Daniel. Gonzalo y Hugo salieron a la carrera: «¡Aquí, aquí!», gritaban. Daniel tenía el balón entre los pies, iba a pasárselo cuando recordó los tres toques. Y fue como si todo el campo se pusiera a cámara lenta: Daniel inclinó el cuerpo un poco hacia la izquierda, otro poco hacia la derecha, le pareció que muy, muy al fondo oía cosas como «¡Chuta ya, chico!», o «¡No te duermas!», pero todo eso pasaba en otro mundo, lejos de donde estaba él. En cambio, lo que sí veía con toda claridad era el pie derecho del número 7 avanzando hacia el balón. Menos mal que él había tenido tiempo de preparar su pierna izquierda; con esa pierna, Daniel golpeó el esférico justo antes de que número 7 lo alcanzara, y en la dirección opuesta a donde el 7 preveía que iba a disparar. El balón salió muy suavemente camino de Hugo, quien solo tuvo que adelantarse medio metro para hacerse con él. Hugo corrió con el balón cada vez más de prisa, chutó cuando aún estaba lejos de la portería y el portero la despejó como pudo, pero Gonzalo estaba ya junto al palo y remató sin que el portero pudiera hacer nada: ¡dos a dos! Los rizos castaños de Gonzalo, las melenas oscuras de Alicia y Hugo, el pelo negro de Alberto y el pelo en punta de Daniel formaban una especie de cuadro mientras los cinco se abrazaban y chocaban las manos repitiendo: «¡Todo irá bien... mientras juegues en el Carmen Laforet!».

Volvieron corriendo, cada uno a su puesto. Los del Eliseo hicieron dos cambios. En vez de al 9, ahora Daniel debía marcar al 8, un jugador muy alto y que salía al campo completamente fresco, pues no había jugado todavía. En cuanto Daniel se pegó a él, el 8 empezó a correr de un lado a otro y salió en busca del balón sin que Daniel pudiera darle alcance. Menos mal que Hugo era capaz de bajar a defender a una velocidad increíble. «Sentirse cansado no es estar cansado», el padre de Hugo les había enseñado una vez esa frase de un médico deportivo famoso y, desde luego, Hugo era capaz de hacerla realidad. Cuando ya estaban todos bastante desfallecidos, era como si sacara fuerzas de un misterioso depósito de reserva; entonces echaba a correr y era capaz de cortar la trayectoria de los disparos más peligrosos. Saque de banda. Los del Eliseo se reagruparon en la portería del Laforet. Daniel estaba muy inquieto tratando de cubrir al número 8. Gonzalo y Alberto intercambiaron con él miradas de preocupación: el del Eliseo tenía la pelota en los brazos, iba a lanzarla. De pronto, con enorme nitidez, se oyó una voz de niña que gritaba:

–¡Que no cunda el pánico!

Era Mariú. Daniel no necesitaba mirar para saber que había sido ella. El jugador del Eliseo perdió unos segundos preciosos, desconcertado

por la frase, y, en cambio, a Daniel le dio tiempo para moverse unos centímetros y desconcentrar así al número 8, que estaba esperando la pelota pero que la recibió con el pie cambiado y, al intentar golpearla, se la entregó directamente a Alicia. Ella se marchó con el balón, y Gonzalo salió por la banda izquierda en paralelo. El árbitro pitó falta: al parecer, el número 3 le había dado una patada a Gonzalo. Todo el equipo protestó en silencio, pues habría preferido que el árbitro aplicara la ley de la ventaja.

Mientras Gonzalo se preparaba para tirar la falta, en el Eliseo hicieron un nuevo cambio. El número 11 era una especie de bólido, un chico robusto, ni alto ni bajo, que entró como una exhalación y, cuando Gonzalo lanzó el balón, lo interceptó y se marchó con él hacia la portería contraria. Hugo y Gonzalo salieron disparados detrás de él. Hugo logró darle alcance, metió el pie para quitarle el balón y el número 11 cayó al suelo.

–¡Penalti!

¿Cómo podía ser penalti? Hugo no había puesto la zancadilla, solo había querido golpear el balón. Lo que ocurría era que el árbitro estaba demasiado lejos y no lo había visto bien. Faltaba poquísimo para que terminara el partido. Sabían que era inútil hablar con el árbitro y empezaron a agruparse alrededor del área con los hombros y también el ánimo caídos. Alberto estaba muy cansado. El Eliseo tenía jugadores buenísimos. La portería parecía haberse agrandado a medida que el partido avanzaba. El público del Laforet también parecía vencido. Ni siquiera Mariú se había levantado para volver a gritar: «¡Que no cunda el pánico!».

El número 8 se preparó para tirar el penalti. Daniel recordaba a Maxama: «Si nunca pierdes, nunca podrás jugar mejor, porque no podrás corregir tus errores». Miró a Alberto: estaba muy concentrado mirando al número 11. Gonzalo, Alicia y Hugo se habían distribuido para evitar que algún jugador pudiese rematar si Alberto lo despejaba.

–¡Ahí, Daniel! –dijo Hugo.

En seguida, Daniel se puso al lado del número 3. Todo el campo estaba en silencio. Los del Eliseo no animaban a su equipo, como si pensaran que estando callados permitirían al delantero concentrarse mejor. Y los del Laforet no tenían ánimo para hablar. El número 3 cogió carrerilla y golpeó la pelota con la zurda, pero un segundo antes, como si fuera adivino, Alberto se había tirado también hacia la izquierda. Alberto rozó la pelota con los dedos justo para evitar que entrara en la portería. Hugo y el número 7 entraron a la vez en el área buscando el balón. Hugo llegó primero, corrió con él y se lo pasó a Gonzalo. Gonzalo se lo pasó a Alicia en la otra banda, Alicia avanzaba perseguida por el 8 y el 3 y, un poco más atrás, por Daniel, que se había separado hacia el centro.

«Resistirse a la llamada del balón», pensaba Daniel mientras corría con todas sus fuerzas. No podía alcanzar al número 8 y mucho menos al número 3, pero seguía corriendo. Entonces levantó la cabeza, miró a su derecha y vio a Gonzalo en la otra banda.

–¡Alicia, de tacón! –gritó Daniel.

Alicia se paró en seco, pasó el pie por encima del balón y lo golpeó hacia atrás. El número 3 y el número 8 habían cogido demasiada velocidad y no pudieron reaccionar a tiempo: el balón pasó entre los dos, Daniel lo recogió y se lo pasó a Gonzalo al otro lado del campo; entre tanto, Hugo había echado a correr hasta el área de penalti de la portería contraria dejando muy atrás a su marcador. Gonzalo avanzó un metro con el balón y se lo pasó a Hugo. El portero del Eliseo salió para evitar el gol que sentenciaría el partido, pero Hugo aguantó hasta que el portero estaba muy cerca; mientras tanto, acomodó el cuerpo y, antes de que el portero pudiera tocar el balón, hizo un disparo perfecto al interior de la portería enemiga:

–¡Gooooooooooooool....del Laforet! ¡Tres a dos!

Faltaban segundos para que terminara el partido. Los jugadores del Laforet casi no pudieron celebrar el gol: el Eliseo había sacado el balón. Hugo y Alicia salieron en su busca detrás del número 7, Daniel volvió a pegarse al 8, Gonzalo bajó hacia la portería por la banda izquierda. Alberto esperaba sin quitar los ojos del número 7, y entonces Hugo cortó el avance, Alicia recuperó el balón despejado por Hugo, se lo pasó a Gonzalo, y el árbitro pitó el final del partido. Esta vez sí, corrieron todos a una hacia la portería de Alberto. También se acercaron el míster y Pablo, cojeando un poco todavía, pero sin el menor gesto de dolor, y empezaron los abrazos, y los saltos, y el grito unánime:

–«¡Todo ira bien mientras juegues en el Carmen Laforet!»

Cuando se tranquilizaron un poco, Daniel miró hacia donde estaban Mariú y sus padres, y oyó a su hermana decir:

–¡La mano!

«¿La mano?», se preguntó Daniel. ¡Ostras!, era verdad. Con la emoción, habían olvidado estrechar la mano a los del equipo contrario.

–¡Eh, vamos a darles la mano! –dijo Daniel a sus compañeros. Salieron todos a la vez y estrecharon muy serios la mano de los jugadores del Eliseo. Durante esos instantes, se dieron cuenta de la desilusión que tenía que haber supuesto para el Eliseo haber perdido el partido, y por un momento hasta quisieron que fuese posible haber ganado los dos. Luego, los dos equipos se dispersaron; los del Laforet cogieron sus mochilas y todavía estuvieron hablando un rato, comentando las jugadas. Al final, Daniel se quedó callado, con la mirada perdida. Hugo se le acercó y dijo en voz baja:

–Te estás acordando de Maxama, ¿verdad?

Daniel asintió con la cabeza. Después todo el grupo echó a andar, dejaron atrás el patio enorme con sus dos campos de fútbol y uno de baloncesto. Daniel subió al coche. Tenía muchas ganas de llegar a casa de sus abuelos y contarles el partido. Su abuelo se iba a poner contentísimo, y hasta su abuela, a quien no le gustaba el fútbol, se iba a alegrar. Daniel estaba feliz. Solo de vez en cuando le daba un poco de pena que sus abuelos vivieran lejos de su barrio, porque ese día no podría ver a Maxama.

14 *El mensaje*

DANIEL y Mariú se quedaron a dormir en casa de sus abuelos. También comieron allí el domingo. Luego llegaron sus padres para llevarlos a casa otra vez. Ya desde el coche, Daniel estuvo mirando por si veía a Maxama en alguna esquina. No, no lo vio. Subieron a casa, dejaron las cosas y Daniel pidió permiso para ir a buscar al pirata.

–De acuerdo –dijo su madre–. Pero yo te acompaño, ¿vale?

Daniel asintió. Bajaron, fueron a la esquina donde siempre estaba Maxama; no lo vieron. Recorrieron cuatro esquinas más y nada.

–Será que hoy ha ido a otro barrio –dijo su madre–. Mañana volvemos a intentarlo.

–Sí... –dijo Daniel, nada convencido.

Subieron a casa.

–Nos vamos a llevar a Mariú a casa de Jimena. Después tenemos que hacer algunas cosas, recogemos de vuelta a Mariú y venimos; tardaremos un par de horas. ¿Nos acompañas o te quedas?

Daniel dijo que se quedaba. Ese año habían empezado a dejarlo solo en casa ratos cortos, y le gustaba bastante.

Se metió en su cuarto. Abrió un libro y lo cerró; cogió la mochila pensando en sacar el cuaderno de Lengua, pues tenía algunos deberes pendientes; pero volvió a colocarla en su sitio sin haber sacado nada. Se tumbó en la cama. Se levantó. Dio una patada sin ganas al balón, la pared se lo devolvió con muy poco impulso y Daniel no lo golpeó otra vez. Consiguió concentrarse un rato para hacer los deberes. Cuando acabó Inglés y Lengua, salió al balcón a ver si Maxama había llegado. No, no había llegado. Daniel iba a volver a su cuarto, pero... ¿qué era eso? En el suelo del balcón, en la esquina derecha, había una bola de papel arrugado. Daniel no recordaba haber tirado nada ahí. Miró hacia arriba, pensando qué vecino habría podido tirar un papel por la ventana. Recogió la bola, la desdobló y vio su nombre escrito en mayúsculas:

DANIEL AYUD

Debajo había un número de teléfono móvil y un signo raro, un palo con un triángulo boca abajo pegado al lado. Daniel lo comprendió enseguida: era la M, la primera letra de «Maxama», sin

terminar, igual que la palabra AYUDA. Maxama debía de haber escrito el mensaje muy deprisa.

¡Vaya! Había tenido que descubrirlo justo ahora que estaba solo. Lo primero que había que hacer era llamar a ese teléfono. Pero debía tener cuidado porque en los móviles se quedaba grabado desde dónde llamabas. Como debajo de su casa había una cabina, sacó algunas monedas y bajó a la cabina.

Daniel marcó el número y le respondió una voz extranjera:

–*Dit moi.*

–Soy amigo de Maxama –dijo Daniel en español.

–*C'est toi, Daniel?*

–Sí, Daniel.

–*Toi telephone içi.*

La voz recitó unos números en un francés españolizado. Daniel no tenía un lápiz y tuvo que aprendérselos de memoria.

Volvió corriendo a su casa para apuntarlo. Entonces decidió llamar a Hugo:

–¡Tienes que venir ahora mismo! –le dijo–. ¡Es por Maxama, creo que necesita ayuda!

–¿Quieres que llame a los demás?

–Solo a Gonzalo y a Alberto; son los únicos que viven cerca.

Mientras tanto, Daniel llamó al teléfono que le habían dado. Contestó una mujer:

–¿Sí?

–Hola. Soy Daniel, un amigo de Maxama.

–Hola. Yo soy su abogada.

–¿Cómo te llamas?

–Teresa.

–¿Teresa qué?

–Teresa Nogueira.

–Vale, dentro de cinco minutos te vuelvo a llamar –dijo Daniel, y colgó.

Encendió el ordenador del salón, tecleó el nombre de la abogada, lo puso entre comillas y dio a buscar. Pues sí, parecía que era verdad; era una abogada porque su nombre salía en cosas relacionadas con el derecho y con juicios.

Daniel apagó el ordenador porque todavía no le dejaban usarlo cuando estaba solo. Se asomó al balcón a ver si veía a Hugo. El tiempo se le hacía eterno, pero por fin lo vio. Venía con Alberto.

–Gonzalo no estaba, pero su abuela nos ha dicho que le avisará en cuanto llegue –dijo Hugo–. Ya le he contado a Alberto todo lo de Maxama.

–Muy bien –dijo Daniel, y les enseñó el mensaje y les contó las llamadas que había hecho.

Antes de llamar de nuevo a Teresa, Hugo y Alberto se fueron al otro teléfono para oír la conversación.

–¿Sí?

–Hola, soy Daniel, el amigo de Maxama. Queríamos saber qué le pasa y si podemos ayudarle.

–¿Podemos? ¿Quiénes?

–Bueno, estoy con dos amigos y podríamos ser algunos más.

–A Maxama lo han detenido –dijo Teresa–. Fue ayer por la mañana. Le decomisaron una mochila con 42 cedés de música y 37 deuvedés de películas. Ahora está en la comisaría. Maxama me dijo que a lo mejor llamabais. Dentro de un rato tengo que hablar con él otra vez. Pasado mañana declarará ante el juez.

–¿Y qué le puede pasar? –preguntó Daniel.

–Es casi seguro que van a expulsarlo. Lo mandarán de vuelta a su país y le pondrán una multa de un poco más de tres mil euros.

–¡Tres mil euros! –exclamaron Hugo, Alberto y Daniel a la vez.

–Daniel, ¿cuántos años tienes? –preguntó Teresa.

Daniel se quedó callado. Pero pronto supo qué decir.

–Eso, ¿qué más da? –preguntó–. Somos amigos de Maxama y queremos ayudarle. Cuando Maxama nos ayudó a nosotros, no nos preguntó cuántos años teníamos.

–Tengo que tomar declaración a otro detenido. Dentro de media hora hablaré con Maxama. ¿Podéis llamarme dentro de veinte minutos? Ahora tengo que colgar.

Daniel colgó y se quedó pensativo. Hugo y Alberto llegaron desde la otra habitación. Los tres tenían un aspecto bastante desanimado.

–Maxama quería irse a París –dijo Daniel–. Ya casi podía hacerlo. Pero si le mandan de vuelta a Senegal, tendrá que empezar desde el principio otra vez. Todo el tiempo que ha pasado aquí no le servirá de nada.

–Y puede que ni siquiera le dejen entrar en París –dijo Hugo–. Creo que cuando te echan de un sitio, te ponen un sello en el pasaporte y ya no te dejan entrar en Europa.

–Si pedimos dos euros a cada niño del colegio, podemos reunir bastante –dijo Alberto.

–En el colegio somos unos quinientos –dijo Daniel–. Quinientos por dos son mil; hasta tres mil nos falta mucho. Y además, no conseguiríamos que todo el mundo diera el dinero, y menos a toda velocidad.

–Y lo echarían de todas formas –dijo Hugo.

–Para que no lo echen, tendríamos que demostrar que Maxama no estaba haciendo nada malo –dijo Alberto.

–Pero lo han pillado con las manos en la masa, ¿no? –dijo Hugo.

–Me parece que sí. Por los menos, con la masa en la mochila: llevaba casi ochenta discos –dijo Daniel.

–Si en vez de discos hubieran sido cromos, podríamos decir que estaba cambiándolos –dijo Alberto.

–Eso sería estupendo: decir que no los vendía, que quedábamos con él para cambiar nuestras pelis –dijo Daniel.

–A lo mejor, ponerte en la calle con tus discos y tus libros para prestárselos a otras personas y que ellas te los presten a ti, también está prohibido –dijo Hugo.

–El problema es que no creo que nos dejen decir nada de eso –dijo Daniel–. Me refiero a nuestros padres.

–Podemos intentar convencerlos –dijo Hugo.

–Sí –dijo Daniel.

–Si Maxama fuera rico, podría decir que los estaba regalando –dijo Alberto–. Pero como es pobre, nadie se lo creerá.

–¡Eso es! –dijo Daniel–. Diremos que iba a regalarnos los discos.

–Pero tampoco es verdad –dijo Alberto.

–Ni mentira –dijo Hugo–. A Daniel y a mí nos regaló consejos muy buenos. Los discos son menos importantes.

Esperaron a que pasara el tiempo que les había dicho Teresa y la llamaron de nuevo para contarle lo que pensaban hacer. Esta vez se quedaron todos en la misma habitación por si tenían que decidir algo juntos.

–Vaya, vaya –dijo Teresa–. Por lo que veo, Maxama tenía buenos amigos. Pero sois menores de edad, ¿verdad, Daniel?

–Sí.

–Pues necesitáis que os acompañen vuestros padres o tutores cuando vengáis a declarar. Y yo necesito hablar con ellos.

–Es que ahora no están –dijo Daniel.

–Chicos, esto es muy serio –dijo Teresa–. Si dentro de un rato os aburrís o si os cansáis, Maxama seguirá aquí. No puedo dejar que se haga ilusiones solo por una llamada de teléfono.

–¿Cuándo tenemos que ir, Teresa?

–El martes. Tendríais que estar en el juzgado de plaza de Castilla a las nueve y media. El juez os tomaría declaración a partir de las diez.

–Espera un momento –dijo Daniel.

Daniel les contó la conversación.

–Yo voy a intentar convencer a mis padres –dijo Alberto.

–Yo también –dijo Hugo–. Y hablaremos con toda la clase; creo que bastantes nos ayudarían.

–Sí, lo haremos –dijo Alberto.

De pronto, se oyó una vocecilla en la puerta que decía:

–¡Todo irá bien...

¡Era Mariú! Los había estado espiando. Pero Daniel ni siquiera se enfadó. Todos a una contestaron:

–... mientras juegues en el Carmen Laforet!

–Sí, Teresa –dijo Daniel por teléfono–. Estaremos ahí. Pero a Maxama dile solo que vamos a intentarlo, por si acaso pasa algo.

–Está bien, Daniel. Él se ha negado a declarar. Le diré que siga haciéndolo. Dile a tus padres que me llamen sin falta, esta noche o mañana. Primero tengo que hablar con ellos.

–De acuerdo –dijo Daniel.

Justo cuando colgó, aparecieron sus padres.

–¡Vaya, vaya! –dijo su padre–. ¿Así que nos vamos dejando a un niño, y cuando volvemos hay tres?

Por suerte, no hicieron más preguntas. Los tres amigos se fueron al cuarto de Daniel, estuvieron hablando y llegaron a la conclusión de que lo mejor sería hablar al día siguiente con toda la clase: cuantos más niños y niñas aceptaran decir lo del regalo, más fácil les resultaría convencer a sus padres. Poco después llegó Gonzalo y le contaron lo que había pasado. Entonces se dieron cuenta de que Mariú había estado todo el tiempo allí, debajo del futbolín. Parecía distraída jugando con princesas y caballeros y ni siquiera les hizo caso cuando le dijeron que iban a bajar un rato al parque a jugar al fútbol.

15 *Ni por un momento*

HABÍAN pensado hablar con la clase en el recreo, pero ocurrió un imprevisto en Lengua que lo trastornó todo. Marisa llegó a clase y dijo que iban a practicar lenguaje oral.

–¡A ver, Alberto! Sal aquí y cuéntanos qué has hecho ayer.

Alberto se puso pálido.

–Es que...

–¿Se te ha comido la lengua el gato?

–No, pero...

–Vaya, ¿estamos de lunes, no? No importa. A ver tú, Hugo.

Alberto y Daniel se miraron: ¡menuda mala suerte!

–Bueno –dijo Hugo–. ¿Puede ser solo por la mañana?

–¡Hmmmm! –dijo Marisa–. Me parece que aquí hay gato encerrado... Debe de ser el mismo gato que se ha comido la lengua de Alberto. Puedes hablar de por la mañana o de lo que cenaste. O del sábado. Lo que me importa es que os expreséis bien, con orden, con precisión.

Hugo miró a Daniel, a Alberto, a Gonzalo con gesto interrogativo. Luego empezó a hablar del domingo por la tarde. Contó que Daniel tenía un amigo con problemas, y que habían estado pensando cómo ayudarle.

–¿Y por qué no querías decirlo? –preguntó Marisa–. Ayudar a los amigos está muy bien.

–Ya, es que... a lo mejor tenemos que inventarnos una mentira... pequeña.

–Es mi amigo el pirata –intervino Daniel–. Lo ha cogido la policía y vamos a intentar que no lo expulsen de España ni lo metan en la cárcel. Tú dijiste que intentar hacer las cosas que salen en los libros puede ser bueno.

De repente, Marisa se puso muy seria.

–¡Eh, un momento, un momento! Despacio, muy despacio. Estamos en un colegio, ¿de acuerdo?

La clase entera asintió.

–Quitándome a mí, nadie en esta clase ha cumplido los once años; muchos y muchas, ni siquiera los diez. ¿Sí o no?

–Sí... –dijeron todos, un poco extrañados de la pregunta.

–Y un vendedor de *top manta* –siguió Marisa– es alguien que hace algo ilegal, nos guste o no. No es un pirata de un cuento. ¿De acuerdo?

Aunque se oyó un murmullo de síes, ni Gonzalo ni Alberto ni Hugo ni Daniel habían contestado. Marisa los miraba y Daniel dijo:

–Es que Maxama es mejor. Los piratas de los cuentos raptaban, mataban, robaban tesoros. En cambio, Maxama no ha hecho daño a nadie. Si vendía cedés era porque no tenía comida ni un sitio donde vivir. Se llama «estado de necesidad». Tú nos lo explicaste.

–Pero eso tendrá que contarlo su abogado, no vosotros –dijo Marisa–. Y lo que, desde luego, no podéis hacer es inventar una mentira.

–Es una mentira pequeña –dijo Hugo–. Le encontraron unos ochenta discos dentro de la mochila. Habíamos pensado que si los repartíamos entre todos, podíamos decir que los tenía Maxama, pero que eran nuestros. Que nos juntábamos allí para intercambiárnoslos.

A Marisa, la cara se le estaba poniendo cada vez más seria. Ni siquiera sus pendientes dorados de pirata, ni el color azul claro de su blusa, ni sus ojos de catalejo, que siempre parecían estar llenos de nubes, lograban que su semblante se apaciguara un poco.

–Estás hablando de un juez, Hugo, de contar una mentira a un juez –dijo Marisa.

–No es una mentira –dijo Gonzalo–. Las mentiras se dicen para engañar, y no queremos engañar al juez.

–El juez ya sabe que esos discos no son nuestros –dijo Daniel–. Pero también sabrá que si se lo contamos es porque somos amigos de Maxama. Porque él nos enseñó muchas cosas –Daniel bajó un poco la voz y añadió–: Bueno, o por lo menos me las enseñó a mí.

Marisa se levantó.

–Daniel, yo estoy de acuerdo con lo que decís, pero eso da igual. Os repito que estamos en un colegio, sois menores de edad, yo soy vuestra tutora y sería muy grave que pensarais, ni por un solo momento, lo vuelvo a decir: ni-por-un-solo-momento, que decir una mentira puede estar justificado y que vuestra profesora os ha dicho algo así.

–De acuerdo –dijo Daniel–. Lo entiendo.

–Bien. Pues ahora vamos a dejar este asunto de los piratas. A ver, Carlota: ¿qué has hecho tú este domingo?

Daniel no conseguía escuchar lo que decían sus compañeros. No paraba de dar vueltas a la idea de que en realidad Maxama era solo amigo suyo, y quizá un poco de Hugo, pero nada más. Por otro lado, Marisa tenía razón: ir a ver a un juez era muy serio; no podía pedir a nadie de la clase que le ayudara en eso, porque lo normal era que los padres no los dejasen. Tenía que hacerlo él solo.

Cuando terminó la clase, Daniel salió entre los primeros. Se dirigió al castillo de los pequeños; detrás había un sitio tranquilo. Sentado en el bordillo, pensaba que en ese momento Maxama estaría en un calabozo, que ya habría hablado con Teresa y sabría que él había recibido su mensaje. Enseguida aparecieron Hugo, Alberto y Gonzalo.

–No te preocupes –dijo Alberto–. Marisa es una profesora y no puede dejar que nos metamos en un lío. Pero nosotros sí podemos convencer a nuestros padres.

–No, Alberto –dijo Daniel–. Marisa tiene razón. Yo ni siquiera estoy seguro de que esté bien lo que voy a hacer, así que lo mínimo es que lo haga solamente yo.

–Pero ¿cómo vas a hacerlo tú solo? –preguntó Gonzalo.

–Diré que los discos me los iba a regalar a mí. Que por eso los llevaba en la mochila.

–No se lo van a creer –dijo Alberto.

–Tampoco podrán demostrar que es mentira –dijo Daniel.

–Pero queremos ayudarte –dijo Hugo.

–Lo sé –dijo Daniel–. Pero es mejor así. Además, si Marisa ha dicho que no, seguro que vuestros padres tampoco os dejarán.

Hugo, Alberto y Gonzalo se quedaron callados. Sabían que Daniel tenía razón, que no iban a dejarles.

–¡Eh, venid, que empezamos! –los llamó Miguel Ángel, porque los lunes tenían ellos el campo para jugar al fútbol.

Empezaron a jugar. Daniel se fue metiendo en el partido y así intentaba olvidarse un poco del problema. Pero era difícil porque cada vez que corría sintiendo el suelo bajo los pies, o cuando controlaba el balón y se preparaba para tirar acomodando el cuerpo, se acordaba de Maxama. Así que dijo que estaba cansado y dejó de jugar.

Aquel día de colegio fue uno de los más largos que recordaba. Durante el recreo de después de comer, solo estuvo en el patio unos minutos. Luego dijo que se había olvidado su cazadora y que tenía frío. Por las escaleras se encontró a su hermana, pero ni siquiera le preguntó qué hacía en el edificio de los mayores. La saludó desde lejos y siguió subiendo. Tuvo suerte, la clase estaba abierta. Se quedó allí, mirando por la ventana hasta que el recreo terminó.

Por fin llegó la última clase del día y volvieron a casa. Sus padres aún no habían llegado. Daniel se metió en su cuarto. Cuando Mariú entró para pedirle que jugara con ella, solo le dijo que no podía, pero debió de decírselo con una voz especial, porque Mariú no insistió. Un poco más tarde, oyó la puerta. Era su padre, y a los diez minutos llegó su madre.

16 *No es una mentira*

DANIEL entró en el salón bastante preocupado. Seguramente a sus padres no les parecería mal que quisiera ayudar a Maxama. Pero ir delante de un juez y decir una mentira ya era otra cosa. Claro que no era del todo una mentira. Aunque Maxama no le había regalado los discos, a lo mejor iba a regalárselos, ¿no? Y si se los iba a regalar, era como si ya se los hubiese regalado.

Algo así fue lo que contó a sus padres, y no los convenció mucho. Bueno, tuvo que empezar desde el principio: el mensaje, las llamadas, la abogada, la idea que se les ocurrió...

–Es una mentira, Daniel. Esos discos no son tuyos, y si lo fueran, tendrías que explicar para qué los quieres.

–Vale –dijo Daniel–. Lo he estado pensando y sé para qué los quiero. Para que no detengan a Maxama. Para que pueda irse a París con su primo y aprender un oficio. Puede que un día vuelva y se convierta en nuestro entrenador.

–Está muy bien que quieras eso. Sin embargo, el que lo quieras no cambia las cosas.

–¿Y qué las cambia? –preguntó Daniel–. ¿Que echen a Maxama, que se vuelva a su país perdiendo todo el dinero que le costó llegar aquí, y todo lo que ha estado pagando para poder irse con su primo?

–¿Qué dice de esto su abogada?

–Dice que si no hacemos nada, van a expulsarlo.

–Pero, Daniel, aunque Maxama te haya ayudado, casi no lo conoces. ¿Y si él te ha mentido a ti?

–Todos los consejos que me dio me sirvieron –dijo Daniel–. ¿Y qué mentira puede haberme dicho? Se pasa el día en la calle vendiendo discos. Si fuera una mala persona, supongo que haría otras cosas.

Su madre y su padre se miraron como preguntándose qué decir. Estaban sentados en el sofá. Daniel se había quedado de pie, delante de ellos; le habría gustado tener consigo su balón: si pudiera pasárselo de un pie a otro, si pudiera tirarlo contra el sofá y que sus padres se lo devolvieran… Claro que la última vez que llevó el balón al salón había sido bastante catastrófica. Estaba

jugando a mantenerlo en el aire golpeándolo con los muslos, pero se le escapó; entonces, el balón chocó contra una botella de vino, la botella empujó una copa, la copa se volcó en el pie de su padre, quien lo movió para que el zapato no se mojara más y, sin querer, le hizo falta directa a Mariú, que iba corriendo y, al tropezar, cayó de bruces con la suerte o la desgracia de que su barbilla, en vez de chocar con el suelo, fue a clavarse en el pie izquierdo de Daniel, quien empezó a aullar a la vez que Mariú. Menos mal que a su madre, que estaba mirando la escena desde la puerta, le dio la risa y entonces Mariú también se echó a reír y después su padre y por último Daniel, a quien la risa de todos hizo que se le pasara la preocupación por la bronca que iban a echarle. Y no hubo bronca, pero, eso sí, el balón quedó desterrado del salón por una buena temporada.

–Maxama no hace daño a nadie –insistió Daniel–. Es como Robin Hood. Solo roba a los ricos. Los cantantes tienen mansiones con piscina; por perder diez o doce euros no va a pasarles nada.

–Daniel –dijo su padre–, ten en cuenta que el problema no es Maxama solo, sino que, si todo el mundo hiciera lo mismo que él hace, entonces los cantantes no podrían vivir.

–Vale, pero no lo hace todo el mundo. Además, vosotros me lo habéis dicho: si nadie tuviera trillones de dinero, ni los cantantes ni nadie, tampoco nadie necesitaría hacer lo que hace Maxama.

–De acuerdo –dijo su madre–, tienes parte de razón en lo que dices. Pero hay que respetar las reglas. Si piensas que las que hay ahora no están bien, tienes que intentar que se cambien. No puedes saltártelas diciendo mentiras.

–Cuando el árbitro pita un penalti y luego en la repetición se ve que no había sido penalti, el penalti se tira igual –dijo su padre–. Si no se hiciera así, no podría jugarse ningún partido. Luego dirás que no fue penalti y que fue una derrota injusta, pero tienes que aceptar el resultado.

–Ya lo sé, papá. Lo que pasa es que la vida de Maxama no es un juego.

Sus padres guardaron silencio. Luego, su padre dijo:

–Claro que no, Daniel. Pero mentirle a un juez es algo muy grave, tampoco es un juego. A ver, danos el teléfono de esa abogada. Tú ve a terminar los deberes y deja que mamá y yo decidamos. Entendemos lo preocupado que estás, pero no podemos dejar que digas una mentira.

–No es una mentira. Maxama me regaló algo mucho más importante que unos discos. Me regaló lo que él sabía de fútbol, y no me pidió nada a cambio. ¿Por qué no iba a regalarme unos cuantos discos si yo se lo pidiera? Yo estoy seguro de que lo haría. Puedo decirle eso al juez. Puedo decirle que me los iba a regalar. ¡Por favor! Así no será una mentira, pero servirá para convencer al juez de que no es justo expulsar a Maxama.

–Eso parece más razonable, Daniel. Termina los deberes mientras lo hablamos.

Daniel volvió a su cuarto. Mientras trabajaba, los teléfonos no paraban de sonar. Sus padres hablaban por los móviles. Llamaron a Teresa y después tuvo que ponerse él y repetirle la conversación con sus padres. Teresa le explicó cómo serían las cosas en el despacho del juez si le dejaban ir. Luego llamó Hugo: sus padres no estaban en casa, estaban en algo de trabajo, iban a llegar tarde y no podía contarles toda la historia de Maxama por teléfono, así que seguramente no podría ir al día siguiente.

–Ojalá pudiera –dijo Hugo.

–No te preocupes –dijo Daniel–. La verdad es que yo estoy hecho un lío. Mis padres todavía no han decidido si me dejarán ir, pero creo que no les parece bien que vaya. Piensan igual que Marisa. Yo tampoco quiero decir mentiras. Pero si solo digo la verdad, entonces no podré ayudar a Maxama.

–A lo mejor si le cuentas la verdad, cómo conociste a Maxama y todo eso, el juez se da cuenta de que Maxama es bueno.

–Ya, pero el juez y el fiscal no quieren saber si Maxama es bueno o no; solo les importa saber si vendía discos piratas o no.

–De todas formas, si mientes no vas a hacer daño a nadie –dijo Hugo.

–Sí, eso es lo que no paro de pensar –dijo Daniel–. Pero, entonces, ¿por qué a Marisa y a mis padres y a todo el mundo les parece mal que diga una mentira?

–Yo creo que es porque no conocen a Maxama –dijo Hugo–. ¿Te acuerdas de cuando nos dijo que es distinto jugar para ganar que jugar para ser mejor, y que si solo juegas para ganar, a lo mejor ni siquiera ganas?

–Sí que me acuerdo.

–Le he dado muchas vueltas a eso, Daniel. Y me ha servido mucho.

–Ojalá podamos decírselo a Maxama –dijo Daniel–. Voy a colgar por si llama Teresa otra vez. Hasta mañana.

En efecto, en cuanto Daniel colgó, volvió a sonar el teléfono. Iba a cogerlo, pero Mariú llegó corriendo y se le adelantó.

–Es para mí –dijo su hermana en voz baja, con aire misterioso.

Daniel volvió a su cuarto.

Al final, cuando ya Mariú se había acostado y Daniel estaba en pijama, sus padres entraron en su cuarto.

–Hemos hablado con la abogada y entre nosotros. También hemos hablado con Marisa, tu profesora –dijo su padre.

–¡Con Marisa! –exclamó Daniel.

–Sí, nos ha contado que planteaste el problema de Maxama en clase –dijo su madre–. Papá y yo queremos ayudarte: te vamos a dar permiso, mañana iremos contigo.

–¡Jo! ¡Gracias!

Daniel se acostó, pero no conseguía dormirse. Se acordaba de cuando le había dicho un día a su hermana que él ya tenía uso de razón y que por eso podía saber lo que estaba bien y lo que estaba mal. En cambio, ahora no era tan fácil saberlo. De pronto se abrió la puerta y apareció Mariú.

–Daniel, no me has dado las buenas noches –dijo desde la esquina de la puerta.

–Es verdad, pasa.

Mariú se acercó muy contenta y le dio un beso.

–¿Estás triste por tu amigo? –le preguntó.

–Sí, Mariú, un poco.

–No te *procupes*. Al final siempre ganan los buenos.

–Preocupes –corrigió Daniel–. Y si no ganan –añadió no muy convencido–, hay segunda parte.

Cuando Mariú se fue, Daniel pensó que ser mayor era bastante complicado. No solo porque a veces no había segunda parte. Es que otras veces tampoco se sabía quiénes eran los buenos. ¿Y si él creía estar ayudando a Maxama pero acababa ayudando a las mafias que lo perseguían? ¿Y si Maxama se había inventado la historia de su primo? Pero ¿para qué se la iba a inventar? Además, eso era problema de Maxama. Él confiaba en Maxama y quería que Maxama confiara en él. No sabía bien lo que era el honor, pero debía de ser parecido al uso de razón. Algo que te dice lo que debes hacer. Y a él le decía que ayudase a

Maxama. Porque Maxama le había ayudado a él y ahora Maxama lo necesitaba.

Daniel apagó la luz. Imaginaba que le costaría mucho coger el sueño y que se pasaría la noche soñando con jueces grandes como dragones que abrían una boca llena de dientes picudos. Luego, de repente, ya era por la mañana, ya estaba sonando el despertador.

Durante el desayuno, explicaron a Mariú que la dejarían cinco minutos antes en la puerta del colegio, junto a los padres de otros amigos, porque tenían que llevar a Daniel a un sitio y podía haber atasco. A Daniel le extrañó que Mariú no hiciera más preguntas y que no se empeñara en ir con él ni protestara porque Daniel iba a faltar al colegio y ella no. Pero, bueno, Mariú tenía esas cosas: de repente protestaba y de repente todo le parecía bien.

Cuando llegaron al colegio, al primero que vio fue a Hugo, que se asomó a la ventanilla de Daniel y le deseó mucha suerte. Luego les dijo a sus padres que no se preocuparan, que él se quedaba con Mariú.

Camino de la plaza de Castilla, su madre le fue contando:

–Teresa me dijo que iba a llevar una cazadora negra. Yo le describí tu chaqueta vaquera y le hablé de tu pelo en punta.

Mientras su padre buscaba un sitio para aparcar, Daniel y su madre salieron en busca de Teresa. Tenía que ser esa, una mujer con pinta de motorista, pantalones vaqueros, cazadora negra y gafas de sol a esas horas de la mañana. Estaba mirándolos y saludaba con la mano mientras corría.

–¡Hola, soy Teresa! Muchas gracias por venir –dijo–. ¿Qué tal, Daniel? ¿Estás nervioso?

–Bueno... No mucho.

Teresa estrechó la mano a la madre de Daniel y dijo:

–Ya te habrán explicado tus padres que ni siquiera estoy segura de conseguir que te tomen declaración. Voy a solicitarlo y, como estás aquí, creo que lo harán, pero podría ser que no.

El padre de Daniel llegó en ese momento. Después de saludar, le dijo a Teresa:

–Ayer nos tranquilizaste bastante, pero entiende que estemos inquietos. ¿Esto no puede traerle complicaciones a Daniel?

–No tiene por qué. Cuando hablé con Daniel, me pareció que tenía las ideas muy claras –dijo Teresa–. El problema es el juez. No sé nada de él; acaba de trasladarse a Madrid y mis compañeros tampoco lo conocen.

–¿Crees que expulsará a Maxama? –preguntó Daniel.

–Hay jueces que suelen disculpar al *mantero*, porque se fijan en el estado de necesidad en que vive y en el escaso perjuicio que ocasiona cada *mantero* en solitario. Dicen que hay que castigar la distribución, pero no la venta al detalle. En cambio, otros jueces son muy duros: dicen que vender es distribuir y obligan a demostrar el estado de necesidad con pruebas muy complicadas.

–¿Nos ha tocado un juez de los duros? –siguió preguntando Daniel.

–Pues no lo sabemos –dijo Teresa–. Este es su primer caso de *top manta*. Yo tengo fotos de la casa de cuarenta metros donde duerme Maxama junto con otras seis personas. Pero a veces es más difícil demostrar que alguien no tiene cosas, que demostrar que las tiene. Bueno, vamos allá.

Echaron a andar todos hacia el edificio de los juzgados. ¿Qué era eso? ¡No podía ser! Daniel acababa de ver el abrigo morado de Marisa, con la capucha bamboleándose al aire, pasar rápidamente por la otra acera. Una persona lo llevaba puesto, pero Daniel no la distinguía bien. Se frotó los ojos y volvió a mirar. El abrigo, con persona incluida, ya no estaba. «Bah, estoy viendo visiones», pensó.

–Primero entraré yo con Maxama –dijo Teresa–. Después saldremos los dos y te llamarán a ti a declarar. Entraremos tus padres, tú y yo.

–¿Podré hablar con Maxama? –preguntó Daniel.

–No, de momento no puedes –dijo Teresa.

–¡Todo irá bien...! –dijo Daniel.

–Sí –dijeron Teresa y sus padres, y Daniel echó de menos a Hugo o a Mariú, a alguien que contestara: «¡... mientras juegues en el Carmen Laforet!».

17 *El despacho del juez*

PARA entrar en los juzgados tuvieron que pasar por un arco de metal como en los aeropuertos. Dentro había bastante lío. Mucha gente, policías, abogados yendo de un lado para otro y muy pocas sillas para sentarse. Teresa les dijo que esperaran en un pasillo y desapareció. Los padres de Daniel estaban de pie, inquietos. Daniel quería decirles algo, pero no sabía bien qué. De pronto vio a Maxama. Caminaba al lado de Teresa, vestido con su camiseta de rayas muy finas rojas, naranjas y negras, de manga larga, y con sus vaqueros de siempre. No llevaba la mochila al hombro y eso le hacía parecer algo más flaco; también se le notaba más la cojera. Detrás de él, pero muy cerca, iba un policía.

–¡Es Maxama! –dijo Daniel en voz baja a sus padres.

Aunque estaba bastante lejos, Maxama volvió despacio la cabeza y saludó a Daniel con la mano. Tenía una sonrisa un poco triste.

Daniel notó la mano de su madre en la nuca. Luego, ella se sentó a su lado.

Daniel se puso a pensar en lo que le había explicado Teresa por la noche. Tenía que entrar en el despacho del juez. Allí estarían el juez, un secretario y también alguien llamado «el ministerio fiscal» y que, en realidad, era otra persona. Y sus padres. Y Teresa. Lo que más le inquietaba era el ministerio fiscal, por el nombre y porque de esa persona dependía bastante el resultado. El ministerio fiscal era quien acusaba a Maxama, así que Daniel no solo tenía que convencer al juez sino también al ministerio, porque si el ministerio decidía seguir acusando, aunque el juez quisiera dejar tranquilo a Maxama, no podría hacerlo de momento, tendría que haber un juicio, seguramente llamarían a declarar a los policías que detuvieron a Maxama, sería todo mucho más complicado.

«¿Otra vez soñaba, o qué? ¿Eso que había a lo lejos no eran la melena de Hugo y los rizos de Gonzalo? No, seguro que se lo había imaginado», pensó Daniel; además, ya no se veía nada. Debían de ser los nervios. Y entonces, al pensar en los nervios después de pensar en sus amigos, se acordó de un día en que Gonzalo le había preguntado a Alberto:

–Oye, ¿tú qué haces para no ponerte nervioso cuando tienes que parar un penalti?

–Lo que hago es pensar que no es malo estar nervioso –había contestado Alberto–. Pienso que primero te pones nervioso y después alerta. Lo vi una vez en un reportaje de animales. Se ponen nerviosos y enseguida se les agudizan la vista y el olfato, y el oído. Y tienen más reflejos. Yo pienso: «Me estoy poniendo nervioso, así que eso quiere decir que dentro de poco mi cuerpo se concentrará en la jugada y podré descubrir la dirección del balón y pararlo a tiempo».

Daniel estaba poniéndose nervioso. A lo mejor, pensó, eso quería decir que dentro de muy poco la cabeza le iba a funcionar mejor, y conseguiría explicarse muy bien delante del juez y del ministerio fiscal.

–Voy a buscar agua a esa máquina –dijo Daniel a su madre. Ella le dio una moneda.

Daniel llegó a la máquina, echó la moneda y oyó el ruido de la botella al caer. Metió la mano empujando la pestaña metálica y tocó el plástico frío de la botella. La sacó. Había muchas personas en el pasillo, hablaban alto, se enfadaban, una chica bastante mayor estaba llorando, una señora gritaba, varios policías iban de un lado para otro. Daniel empezó a comprender a Maxama. Las casas sin agua corriente, el padre con problemas, las enfermedades que matan a tu familia, el hambre, el miedo, la mafia que te persigue, el dinero que no tienes, gritos, soledad... Pero luego cruzabas la puerta invisible y entrabas en el terreno de juego y ahí todo estaba claro, ordenado, y tenía ritmo, tiempo, sentido.

Echó a andar hacia su madre, más contento. De pronto se le había quitado el miedo al despacho del juez. No le importaba que la vida fuera más difícil que un partido. Él sabía lo que tenía que hacer. Porque en el partido todos aceptan las reglas antes de entrar. Pero, en cambio, en la vida, a él nadie le había preguntado. Y él pensaba que si las reglas no decían que Maxama no tenía la culpa de vivir en un país sin dinero, ni decían que lo importante era no hacer daño a los demás, entonces esas reglas no estaban bien.

Volvió a donde estaba su madre mucho más tranquilo. Ella lo notó y le apretó la mano. Poco después se abrió la puerta, salió Maxama y un policía se puso a su lado. Enseguida, un señor leyó el nombre completo de Daniel y el de sus padres. Entraron.

El juez parecía un hombre tranquilo. El ministerio fiscal era una mujer bastante delgada y muy seria. El juez dijo algunas palabras quc a

Daniel le recordaban un poco a las veces que había ido a misa en el pueblo de su padre. Le preguntaron cómo se llamaba, dónde vivía, qué día nació. Lo que más le preocupaba era el momento en que el juez dijera eso de: «¿Juras decir la verdad, toda la verdad y nada más que la verdad?», pero resultó que el juez solamente dijo que le animaba a decir la verdad y que todos los allí presentes confiaban en su buen juicio.

Después empezaron las preguntas: que cuándo había conocido al imputado –el imputado era Maxama–, que cuántas veces le había visto, y también le preguntaron las cosas que sabía de él. Luego, el juez dijo:

–¿Es cierto que los discos que llevaba el imputado en el momento de su detención eran tuyos?

–Sí –dijo Daniel mirando al juez a los ojos.

–¿Se los habías comprado?

–No. Maxama me los iba a regalar.

–¿Por qué motivo?

–Porque Maxama quería irse a París con su primo. Y yo también quería que se fuera.

–Y si te regalaba los discos, ¿con qué dinero se iría?

–Él ya había reunido casi todo el dinero para el autobús –dijo Daniel.

–¿Tú no le ofreciste dinero a cambio de los discos?

–Le ofrecí dinero, pero él no lo aceptó. Me dijo que tenía honor.

–Y tú, ¿para qué querías los discos?

–Los quería para que Maxama pudiera irse a París. Porque si eran míos, nadie podría detenerlo.

¿Y no pensaste que podrían detenerte a ti?

–Pues no, porque yo no iba a vendérselos a nadie.

–¿Maxama sí los vendía?

–A lo mejor alguna vez lo hizo, pero hace mucho tiempo.

–No hay más preguntas –dijo el juez–. Es el turno del ministerio fiscal.

Daniel miró muy preocupado a aquella señora delgada y seria.

–Daniel –dijo ella–. Entendemos que quieras ayudar a Maxama. Pero lo que dices no tiene mucho sentido. Y mentir no está bien, supongo que tus padres te lo han explicado.

–Sí –dijo Daniel–. Me lo han dicho.

–En este país hay unas leyes y hay que cumplirlas.

–Sí –volvió a decir Daniel.

–Cuando un testigo declara, debe decir la verdad.

–Yo he dicho la verdad –dijo Daniel mirando los ojos profundos y grises de la fiscala.

–¿Toda la verdad? –preguntó ella.

Daniel empezó a mover los dedos dentro de sus zapatillas de deporte. Ahora el despacho del juez le parecía muy grande, y la bandera, muy roja y muy amarilla. Vio que sus padres estaban preocupados. Miró a Teresa y vio que ella bajaba la cabeza y hacía como que buscaba un papel. Miró al juez esperando que, como era un hombre tranquilo, le contagiara un poco de tranquilidad, pero el juez no lo miraba. Parecía sonreír y estaba como distraído, como si intentara oír alguna conversación de fuera. No, no era una conversación, era una canción. Daniel conocía muy bien esa canción: «Cuando camines atravesando una tormenta, mantén la cabeza bien alta, y no te preocupes por la oscuridad...». La canción se oía cada vez mejor. No la cantaba una sola persona, sino cuatro o cinco, o más. O más, sí, tenían que ser más. Y no parecían personas mayores.

«... camina a través del viento, camina a través de la lluvia. Aunque tus sueños se vean sacudidos y golpeados, sigue caminando, sigue caminando, con esperanza en el corazón. Y jamás caminarás solo...».

Era su clase. Estaba completamente seguro. Eran las voces de toda su clase, y no estaba soñando porque el juez lo había mirado ahora directamente a él, sonriendo. Y hasta la fiscala se había sentado, inclinando la cabeza hacia la puerta, como para escuchar: «Sigue caminando, sigue caminando...». De pronto, todas las voces se callaron. Se oyó cierto revuelo, seguramente no estaba permitido cantar en los pasillos de los juzgados. Pero a Daniel ya no le importaba nada. Se le había iluminado tanto la cara, que parecía una lámpara. Y aunque nadie le había pedido que se levantara, él lo hizo. Se puso de pie, miró a la fiscala y dijo:

–Señora fiscala, he dicho la verdad. Pero no he dicho toda la verdad. Tampoco usted ha dicho toda la verdad. Porque la verdad a veces es muy grande. Es tan grande que no cabe dentro de este despacho. Usted, por ejemplo, no ha dicho que Maxama no hace daño a nadie. Y que las leyes están para ayudar a las personas y no para hacer que su vida sea desgraciada.

Después de hablar, Daniel volvió a sentarse. A lo mejor había metido la pata y ahora todo se estropeaba por su culpa, por haber hablado así al ministerio fiscal y haber reconocido que no había dicho toda la verdad. Había tanto silencio que parecía que el despacho estaba vacío. Detrás de la puerta, tampoco se oía ni el vuelo de una mosca. Daniel se acordó de la frase favorita de Mariú: «¡Que no cunda el pánico!». Los segundos pasaban muy despacio. Por fin, el juez dijo:

–Muchas gracias, Daniel. Ahora tiene la palabra la defensa del imputado.

–Señoría –dijo Teresa–, me gustaría aportar documentación sobre el primo del imputado.

Reside en París y trabaja como electricista en una pequeña empresa. El imputado tenía previsto irse con él en las próximas semanas. Si el ministerio fiscal retira su acusación, el imputado podría dirigirse a Francia para trabajar de un modo legal.

Todas las miradas recayeron sobre aquella señora delgada y seria de ojos profundos y grises. La fiscala se levantó. Llevaba puesta una chaqueta verde botella y una camisa blanca. En la chaqueta relucía un broche plateado con forma de cisne. Una melena corta y castaña con algunas canas formaba un círculo alrededor de su cara.

–Este ministerio –dijo– retira su acusación por falta de pruebas. Considera conveniente, sin embargo, exhortar al testigo menor y a sus tutores para que, en la medida de sus posibilidades, verifiquen la pronta realización del viaje a Francia aludido por la defensa.

Daniel no estaba seguro de haber entendido todas las palabras, pero, por la cara de sus padres y la sonrisa anchísima de Teresa, comprendió que todo había acabado bien. Se preguntó si Maxama podría ir a verlos jugar la final. También se preguntó qué habría pasado con los de su clase. A lo mejor lo había soñado. A lo mejor nadie había cantado nada.

Daniel salió del despacho detrás de sus padres y delante de la fiscala. Al otro lado de la puerta no había nadie. Un poco más adelante, enfrente y junto a la siguiente puerta, había un policía, un hombre con barba y una mujer joven. El resto del pasillo estaba vacío. Pero allí, allí al fondo, empezó a dibujarse un abrigo morado. Una mujer de ojos de catalejo llevaba de la mano a una niña muy especial. Detrás aparecieron Hugo, Alberto, Alicia, Gonzalo, Belén, Inés, Manuel, Sergio, Argi, César, Juan, Mirella, Pablo, Diego, Alysa, Raquel, Alex, Miguel, Marina, Jimena,

Jaime, Carlota, Violeta... su clase entera. Mariú soltó la mano de Marisa, echó a correr y abrazó con fuerza a Daniel. Luego se quedó mirando a la fiscala.

–Llevas un broche muy bonito –le dijo.

Durante un segundo, la señora seria sonrió.

–Gracias –dijo.

Después, seria de nuevo, se dirigió a los padres de Daniel:

–Será mejor que abandonen el edificio. En todo caso, les agradecemos mucho su colaboración.

Luego, la fiscala tendió la mano a Daniel.

–Muchas gracias –le dijo–. Y dásclas también a tus amigos cantores de mi parte.

18 *La risa de Maxama*

DANIEL volvió al colegio en autobús junto con toda su clase. Allí se enteró de que el lunes, Gonzalo y Mariú habían ido a ver a Marisa. La habían encontrado muy pensativa. Pero en cuanto le contaron su idea, Marisa había puesto manos a la obra. Lo más complicado había sido imprimir las autorizaciones porque justo en ese momento se estropeó la impresora del colegio. Tuvieron que ir a casa de Alicia, que vivía muy cerca, para imprimir la primera hoja. Después las fotocopiaron en el colegio y Daniel estuvo a punto de descubrirlos cuando se cruzó con Mariú por la escalera, pero por suerte no había preguntado nada ni la había seguido. Repartieron las autorizaciones en el recreo, mientras él miraba por la ventana sin darse cuenta de nada. Marisa había avisado a sus padres, pero hasta el último minuto habían tenido dudas de si podrían ir, y de que los dejaran pasar.

El día pasó muy rápido. Daniel volvió a casa y enseguida sus padres llamaron a Teresa, pero tenía el móvil desconectado. Tampoco pudieron encontrarla el miércoles ni el jueves. Sin embargo, el viernes los llamó ella. Estaba con Maxama, que quería hablar con Daniel para despedirse. Se había puesto de acuerdo con su primo y tenía un billete de autobús para el día siguiente.

–¿Cuándo es tu partido, Daniel? –fue lo primero que preguntó Maxama.

–También mañana.

–No podré verlo –dijo Maxama–. Pero estaré contigo.

–Ya lo sé –dijo Daniel.

–Gracias por ser mi amigo –dijo Maxama.

–Me he quedado con el pañuelo azul –dijo Daniel.

–Eso está bien. Practica de vez en cuando.

Se callaron. Luego, Maxama dijo:

–Di a los chicos y chicas de tu clase que me acordaré siempre de ellos. También de tu profesora, de tus padres y de tu hermana.

–Claro, Maxama; se lo diré.

–Daniel, el terreno de juego está en todas partes. Si tienes honor, lo llevas siempre contigo. En mi país, cuando un niño deja de ser niño, se le enseña a tener honor. Tú lo has aprendido antes. Y ya no lo olvidarás nunca.

–Me vas a escribir, ¿verdad, Maxama?

–Te lo prometo.

–Oye, si ves a Zidane, salúdalo de mi parte.

Daniel oyó la risa de Maxama. Era la primera vez que la oía. Sonaba como una cascada de balones cayendo sobre un suelo metálico, era una risa que parecía nacer del estómago, profunda y alegre, y también contagiosa. Rieron juntos. Luego, Maxama dijo:

–Adiós, Daniel.

–Adiós, Maxama.

Después de colgar, Daniel se metió en su cuarto. Miró el balcón y supo que iba a echar terriblemente de menos los días en que se asomaba esperando encontrar al pirata. Pero, por otro lado, estaba contento de imaginarse a Maxama con su primo, lejos de los que lo perseguían, quizá haciéndose amigo de un chico francés a quien también le gustaría el fútbol. Oyó la voz de su madre detrás de la puerta:

–¡Hoy toca partido! –dijo ella.

Unos días había cuento, otros partido y otros nada. En realidad, los viernes eran día de cuento, pero Daniel pensó que su madre le ofrecía un partido para animarlo después de la llamada. Eligió un balón de gomaespuma rojo y negro.

Cerraron las dos puertas del pasillo y el partido comenzó. Gol de Daniel. Parada de Daniel ante un tiro de su madre. Parada de su madre. Golazo de Daniel en una vaselina que pilló a su madre desprevenida. Su madre se preparó para chutar desde la portería. Daniel flexionó las rodillas y apoyó en ellas las manos mientras esperaba el disparo, pero su madre fue más rápida: de repente, el balón ya estaba delante de él. Daniel movió la cabeza y lo paró recibiendo un nuevo y tremebundo balonazo en el ojo.

Menos mal que había elegido el balón de gomaespuma. Esta vez no vio un triángulo verde como una pelota de tenis. ¡Qué va! Lo que vio fue la cara de Maxama sonriendo, su camiseta de rayas finas rojas, naranjas y negras, sus vaqueros, sus zapatillas de deporte pirateadas y detrás una, dos, cinco, veinte, cuarenta, doscientas treinta y ocho, mil, tropecientas mil luces naranjas, amarillas, moradas y blancas. Daniel se tumbó en el suelo. Oyó que se abría una puerta y después los pasos pequeños de Mariú que gritaba: «¡Piscina de cosquillas, piscina de cosquillas!», y seis manos empezaron a hacerle cosquillas mientras él se reía sin parar.

Pero ¿es que va a terminarse aquí la historia?, diréis. ¿Y la final? ¡Ah, amigos y amigas, la final! El Carmen Laforet contra el Torres Quevedo. Fue el partido más emocionante que os podáis imaginar. Al principio, el Carmen Laforet se adueñó del campo, tocando el balón, llegando a portería, metiendo dos goles seguidos. Pero cuando parecía que ya estaba todo controlado, el Torres Quevedo reaccionó con fuerza en un contraataque inesperado, metió un golazo y forzó al Laforet a replegarse. A pesar de que la defensa del Laforet era bastante compacta, el Torres Quevedo logró meter un segundo gol, de pura chiripa, un rebote en el palo que rebotó en el larguero y entró cuando nadie lo esperaba. El Laforet quedó muy confuso y empezó a hundirse en el cansancio, jugaba de forma desordenada, no lograba llegar nunca a la portería contraria. Poco a poco, sin embargo, consiguió rehacer su ánimo, recuperó la cohesión, pero justo cuando parecía que la suerte iba a cambiar, el árbitro pitó un penalti bastante dudoso y el primer tiempo terminó con un tres a dos a favor del Torres Quevedo.

El segundo tiempo empezó de forma inesperada: un balón tontamente perdido por el Torres Quevedo que enseguida recuperó el Carmen Laforet y con el que recorrió todo el campo hasta llegar a la portería contraria: ¡empate a tres del Laforet en el minuto dos de la segunda parte! Aquello elevó el ánimo de los jugadores; recuperaron la estrategia y la destreza, y empezaron a jugar con todo su esfuerzo. Pero no fue por mucho tiempo: un rebote fatal en las piernas de un defensa y gol en propia meta del Carmen Laforet, justo cuando el abatimiento empezaba a apoderarse de los jugadores y ya se habían hecho todos los cambios. Sin embargo, esta vez no se vinieron abajo como en el primer tiempo; tampoco el público se desanimó, sino que empezó a animar a su equipo coreando todos los estribillos imaginables. El Carmen Laforet tomó entonces las riendas del partido y, después de dos ocasiones que se estrellaron contra un portero magnífico, logró empatar a cuatro cuando solo faltaban dos minutos para el final del partido.

Sí, en efecto: hubo prórroga. ¿Queréis saber cómo terminó el partido? ¿Quién metió los goles? ¿Quién hizo los pases? ¿Cuál fue el resultado final? Ya, os estáis preguntando por qué no hay más líneas aquí debajo. No es que le falten páginas al libro, no vayáis a la librería ni a la biblioteca para que os lo cambien por otro ejemplar. Es que Maxama y Daniel me pidieron que terminara aquí su historia. ¿Por qué? Bueno, yo creo que ya sabéis por qué.

Índice

TE CUENTO QUE BELÉN GOPEGUI...

... de pequeña leyó un libro titulado *Palabra de Honor*, que trataba de por qué es bueno cumplir lo que prometemos. Desde entonces, intenta tomarse en serio lo que promete; por eso escribió *El balonazo* y *El día que mamá perdió la paciencia*: porque se lo prometió a sus hijos.

Pero Belén también ha escrito novelas para adultos, como *La conquista del aire* y *El padre de Blancanieves*. Su comida preferida son los macarrones con tomate. Aprendió de su madre que hay que luchar por las cosas que nos parecen justas, y de su padre, que la Luna está más cerca de lo que pensamos y que vale la pena ir a buscarla.

¿QUIERES LEER MÁS?

DANIEL NO ES EL ÚNICO PERSONAJE DE EL BARCO DE VAPOR A QUIEN LE APASIONA EL FÚTBOL Y QUIERE APRENDER A JUGAR MEJOR; AL PROTAGONISTA DE **QUERIDO MAX** le pasa exactamente igual, aunque también le ocurren otras cosas que resolverá con sentido del humor y, sobre todo, mucha imaginación.

QUERIDO MAX
Sally Grindley
EL BARCO DE VAPOR, SERIE MAX, N.º 1

Y SI QUIERES LEER MÁS SOBRE FÚTBOL, **30 DÍAS. EL DIARIO DE IVÁN EN LOS MUNDIALES** ES TU LIBRO. Conocerás a la primera selección de fútbol infantil elegida para jugar en los Mundiales. En un principio, la participación de los niños será puramente simbólica, pero las cosas cambian cuando estos chavales demuestran que tienen mucho que decir ante jugadores mayores y profesionales.

30 DÍAS
El Diario de Iván en los Mundiales
Roberto Santiago

SI LO QUE MÁS TE HA GUSTADO DE **EL BALONAZO** ES EL MODO EN QUE TODOS LOS AMIGOS DE DANIEL SE UNEN PARA SOLUCIONAR EL PROBLEMA DE MAXAMA, NO TE PIERDAS **PANDILLAS RIVALES**, donde Susana y Alfredo conseguirán resolver sus diferencias para ayudar a una amiga común.

PANDILLAS RIVALES
Javier Malpica
EL BARCO DE VAPOR, SERIE NARANJA, N.º 168

SI LO TUYO SON LOS LIBROS QUE, COMO ESTE, TRATAN TEMAS DE ACTUALIDAD COMO LA INMIGRACIÓN, NO DEJES DE LEER **POLLOS, PEPINOS Y PITUFOS**, donde conocerás a Bolívar, un chico inmigrante que tiene problemas para integrarse, sobre todo cuando su madre le obliga a ir a una excursión a la nieve con sus compañeros de clase. Menos mal que puede calzarse un par de esquís y alejarse de todo a gran velocidad.

POLLOS, PEPINOS Y PITUFOS
Paloma Bordons
EL BARCO DE VAPOR, SERIE ROJA, N.º 176